JIANZHUYE QIYE GONGWANG SHIGU PEICHANG WENTI YANJIU

建筑业企业工亡事故赔偿问题研究

张建设　王　倩　著

郑州大学出版社

图书在版编目(CIP)数据

建筑业企业工亡事故赔偿问题研究/张建设,王倩著. —郑州:郑州大学出版社,2017.12

ISBN 978-7-5645-5047-9

Ⅰ.①建… Ⅱ.①张…②王… Ⅲ.①建筑企业-工伤事故-赔偿-研究-中国 Ⅳ.①D922.544

中国版本图书馆 CIP 数据核字(2017)第 300596 号

郑州大学出版社出版发行
郑州市大学路 40 号　　　　　　　　　邮政编码:450052
出版人:张功员　　　　　　　　　　　发行电话:0371-66966070
全国新华书店经销
郑州市诚丰印刷有限公司印制
开本:787 mm×1 092 mm　1/16
印张:9.25
字数:216 千字
版次:2017 年 12 月第 1 版　　　　　　印次:2017 年 12 月第 1 次印刷

书号:ISBN 978-7-5645-5047-9　　　　定价:26.00 元

本书如有印装质量问题,由本社负责调换

前　言

建筑施工安全事故的发生难以避免,事故后对伤亡职工及其家属的赔偿问题是一个敏感且难以解决的问题。实践中关于赔偿额的讨价还价、法律诉讼、上访闹事、冲突事件等现象每天都在发生,给社会、企业、个人带来了无尽的痛苦与混乱。

本书从农民工弱势群体及建筑行业敏感问题出发,紧扣建筑业生产实际,以建筑施工安全事故伤亡赔偿问题为研究对象,研究了施工企业在发生安全事故后各种用工情形下对伤亡人员及其家属的经济赔偿额的计算及相关问题。

本书分为两个部分:

第一部分研究了符合工伤保险条件及各类不符合工伤保险条件时法定伤亡赔偿额的计算方法,并对实践中的实际赔偿额进行调查实证研究;基于建筑业安全监管现状,分析了法定赔偿额与实际赔偿额差异的原因及应对策略。

第二部分结合建筑业实际情况,以河南省建筑业为例,构建了社会公众工亡赔偿额实时查询系统的框架,开发出了相应的系统软件,并给出了系统的使用指南。

由于建筑业劳务用工情况的复杂性,当前国家实行的农民工实名制及工伤保险覆盖政策并不能确保建筑业所有事故职工的依法赔偿,本研究对于工工伤保险制度的推进、农民工权利的保护、企业利益的保护将会起到一定的促进作用,将有助于建筑业健康持续发展。

由于本研究内容的敏感性,加上建筑业改革的不断深入,安全事故赔偿法律法规也有新的变化,本研究的成果或许有一定的时效性,请业内专家学者多提宝贵意见。

本研究得到了河南理工大学土木工程重点学科建设项目、生态建筑与环境构建河南省重点实验室的资助,由河南理工大学张建设主持开展研究,王倩、徐悠、崔琳莺三名研究生参与了大部分研究工作。本书由河南理工大学张建设和河南城建学院王倩共同撰写,王倩撰写了本书第一部分,其余部分由张建设负责撰写,全书由河南理工大学张建设负责统稿和审查。

张建设

2017-06-13

目 录

第一部分 建筑业工亡赔偿额计算研究

第1章 研究背景及意义 ······ 3
1.1 建筑行业安全管理现状 ······ 3
1.2 文献综述 ······ 8
1.3 问题的提出 ······ 10
1.4 研究内容及研究路线 ······ 11

第2章 工亡赔偿额计算 ······ 13
2.1 合法用工单位工亡赔偿额理论值计算 ······ 13
2.2 非法用工单位工亡赔偿额理论值计算 ······ 21
2.3 理论赔偿额汇总 ······ 22
2.4 工亡实际赔偿额统计 ······ 22
2.5 理论赔偿额与实际赔偿额的对比分析 ······ 25
2.6 本章小结 ······ 25

第3章 建筑企业安全事故经济损失分析 ······ 26
3.1 事故直接经济损失要素 ······ 26
3.2 隐瞒事故引起经济损失增减要素 ······ 31
3.3 本章小结 ······ 33

第4章 事故瞒报行为的机理分析 ······ 34
4.1 事故瞒报行为的机理分析 ······ 34
4.2 伤亡家属事故隐瞒行为分析 ······ 35
4.3 建筑企业与地方政府事故隐瞒行为分析 ······ 38
4.4 本章小结 ······ 45

第5章 结论 ······ 46
5.1 研究结论及建议 ······ 46
5.2 存在的问题及未来的研究方向 ······ 48

第二部分 河南省建筑业工亡补偿查询系统研究与开发

第6章 绪论 ······ 53

6.1	开发背景	53
6.2	开发目的和意义	55
6.3	文献综述	56
6.4	本文主要研究内容及研究路线	57

第7章 系统开发的理论问题分析

7.1	建筑业用工形式划分	59
7.2	补偿额计算相关法规	61
7.3	法律法规关键术语说明	62
7.4	系统适用范围说明	65
7.5	系统用户类型划分	66
7.6	系统开发与法律法规的融合问题	66
7.7	用户查询结果种类	70

第8章 系统分析

8.1	系统开发的可行性分析	72
8.2	系统需求分析	73

第9章 系统设计及实现

9.1	系统设计原则	75
9.2	系统工作流程设计	75
9.3	系统模块划分	76
9.4	系统界面设计及实现	77
9.5	系统数据库设计	94

第10章 系统测试

10.1	系统测试目的和意义	95
10.2	系统测试方法	95
10.3	系统测试内容	96
10.4	系统测试结果分析	99

第11章 结论及展望

11.1	结论	100
11.2	存在的问题及展望	101

附录

附录1	《关于确立劳动关系有关事项的通知》	102
附录2	《工伤保险条例》	104
附录3	《工伤认定办法》	114
附录4	《非法用工单位伤亡人员一次性赔偿办法》	117
附录5	《关于审理人身损害赔偿案件适用法律若干问题的解释》	118
附录6	河南省建筑业工亡赔偿计算查询系统《操作说明书》	123

参考文献 ·· 138

第一部分
建筑业工亡赔偿额计算研究

第1章 研究背景及意义

1.1 建筑行业安全管理现状

根据《中国统计年鉴 2016》的统计资料,截止 2015 年底,中国建筑业企业个数为 80911 个,从业人数达 5093.7 万人,建筑业总产值达 180757047 亿元,由此可以看出中国建筑行业的规模之庞大。同时,建筑施工大多处在高空、露天、临边、带电工作环境中,工作环境和施工过程中存在较多的危险源,危险因素也随着工程进度而变化,因此,对建筑业安全管理的研究就显得尤为必要。

首先,通过对住房与城乡建设部网站"事故快报"2012 到 2016 年事故信息的汇集和整理,统计出了这 5 年全国住房市政工程生产安全事故每年发生死亡事故的总起数和死亡总人数,结果见表 1-1 和图 1-1。

通过以上建筑业安全事故的统计,说明了近几年建筑安全管理工作卓有成效,但是不可否认的是,安全状况仍不容乐观,事故率还是处在一个相当高的水平,安全管理工作还有待进一步加强。

表 1-1 2012-2016 全国建筑死亡事故总起数及死亡总人数统计

年份	2012	2013	2014	2015	2016
事故起数	482	524	522	442	634
死亡人数	619	670	648	554	735

经过多年的努力,中国的安全生产法律有了显著的完善,形成了相互配套和衔接的法律、法规与标准的完整体系以及建筑安全管理的相关制度。

(1)建筑安全事故报告制度

为了规范生产安全事故信息的报告和处置工作,根据《安全生产法》《生产安全事故报告和调查处理条例》等有关法律、行政法规,国家安全生产监督管理总局制定了《生产安全事故信息报告和处置办法》(安全监管总局令 21 号)。

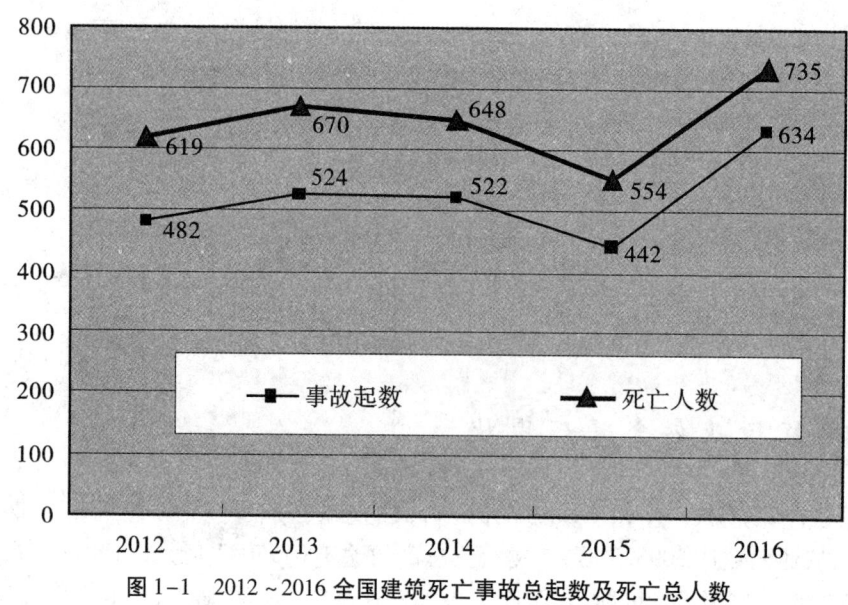

图 1-1 2012～2016 全国建筑死亡事故总起数及死亡总人数

《生产安全事故信息报告和处置办法》规定：发生一般生产安全事故的，单位负责人接到事故信息报告后应当于 1 小时内报告事故发生地县级安全生产监督管理部门；县级安监部门逐级上报至设区的市级安全生产监督管理部门。

发生较大以上生产安全事故的，事故发生单位应当在 1 小时内报告事故发生地县级、省级安全生产监督管理部门；县、市级安监部门逐级上报至省级安全生产监督管理部门，并应当在 1 小时内先用电话快报省级安全生产监督管理部门。

发生重大、特别重大生产安全事故的，事故发生单位应当在 1 小时内报告事故发生地县级、省级、国家安全生产监督管理总局；县、市级安监部门逐级上报至国家安全生产监督管理总局，并应当在 1 小时内先用电话快报省级安全生产监督管理部门，省级安监部门接到事故报告后，应当在 1 小时内电话快报国家安全生产监督管理总局，随后补报文字报告。国家安全生产监督管理总局接到事故报告后，应当在 1 小时内先用电话快报国务院总值班室。

安全生产监督管理部门在逐级上报（每一级上报时间不得超过 2 小时）的同时，书面通知同级公安机关、劳动保障部门、工会、人民检察院和有关部门，并报告本级人民政府。

现阶段中国生产安全事故报告流程，如图 1-2 所示。

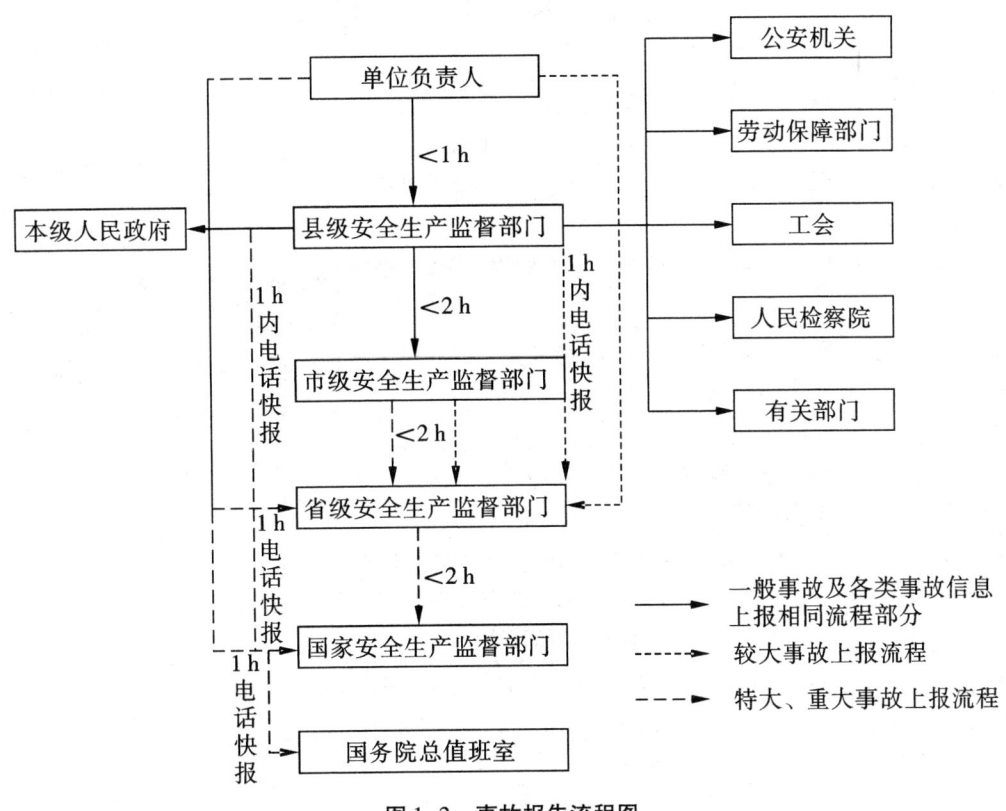

图 1-2 事故报告流程图

(2) 建筑安全事故瞒报处罚制度

结合《生产安全事故报告和调查处理条例》第五章法律责任和罚款处罚暂行规定(国家安全生产监督管理总局令第 42 号),可以了解到中国目前对于建筑安全事故隐瞒的处罚制度。事故隐瞒处罚制度的处罚对象主要分为三个,分别为建筑企业事故单位、事故单位主要负责人和政府监管人员。具体处罚情况如表 1-2 ~ 表 1-4 所示。

表 1-2 事故单位隐瞒事故处罚标准

隐瞒事故行为	处罚标准
谎报或者瞒报事故的	200 万元
谎报或者瞒报事故,同时贻误事故抢救或者造成事故扩大或者影响事故调查的	300 万元
谎报或者瞒报事故,同时贻误事故抢救或者造成事故扩大或者影响事故调查,手段恶劣,情节严重的	500 万元

续表 1-2

隐瞒事故行为	处罚标准
①伪造或者故意破坏事故现场的;②转移、隐匿资金、财产,或者销毁有关证据、资料的;③拒绝接受调查或者拒绝提供有关情况和资料的;④在事故调查中作伪证或者指使他人作伪证的;⑤事故发生后逃匿行为之一的	100 万元以上 200 万元以下
①~⑤行为之一,同时贻误事故抢救或者造成事故扩大或者影响事故调查的	200 万元以上 300 万元以下
①~⑤行为之一,同时贻误事故抢救或者造成事故扩大或者影响事故调查,手段恶劣,情节严重的	300 万元以上 500 万元以下
造成 3 人以下死亡,或者 3 人以上 10 人以下重伤(包括急性工业中毒),或者 300 万元以上 1000 万元以下直接经济损失的事故负有责任的,且谎报或者瞒报事故的	20 万元
对造成 3 人以上 10 人以下死亡,或者 10 人以上 50 人以下重伤(包括急性工业中毒),或者 1000 万元以上 5000 万元以下直接经济损失的较大事故发生负有责任且有谎报或者瞒报行为的	50 万元
对造成 10 人以上 30 人以下死亡,或者 50 人以上 100 人以下重伤(包括急性工业中毒),或者 5000 万元以上 1 亿元以下直接经济损失的重大事故发生负有责任且有谎报或者瞒报行为的	200 万元
对造成 30 人以上死亡,或者 100 人以上重伤(包括急性工业中毒),或者 1 亿元以上直接经济损失的特别重大事故发生负有责任且谎报或者瞒报事故的	500 万元

表 1-3 单位负责人隐瞒事故处罚标准

隐瞒事故行为	处罚标准
不立即组织事故抢救的	上一年年收入 80%
迟报或者漏报事故的	上一年年收入 40%至 60%
在事故调查处理期间擅离职守的	上一年年收入 60%至 80%
①~④行为之一	上一年年收入 80%至 90%
谎报、瞒报事故或者事故发生后逃匿的	上一年年收入 100%
构成违反治安管理行为的	由公安机关依法给予治安管理处罚
构成犯罪的	依法追究刑事责任

表 1-4 政府监管人员隐瞒事故处罚标准

隐瞒事故行为	处罚标准
不立即组织事故抢救的;迟报、漏报、谎报或者瞒报事故的;阻碍、干涉事故调查工作的;在事故调查中作伪证或者指使他人作伪证行为之一的	直接负责的主管人员和其他直接责任人员依法给予处分
构成犯罪的	依法追究刑事责任

(3) 工伤保险制度

工伤保险法律规范针对劳动者在职业活动中遭受事故和职业病的事实为劳动者提供事后的补偿。工伤保险制度在促进用人单位参加工伤保险,维护社会和谐稳定方面发挥了重要作用。随着中国社会经济的快速发展,在工伤保险的运行实践中发现,现行制度存在一些不足,因此工伤保险制度也在逐步修改和完善。

为适应相关法律法规调整、解决实际问题以及完善工伤保险制度的需要,《工伤保险条例》(国务院令第586号)(下称"新《条例》")相对于《工伤保险条例》(国务院令第375号)(下称"原《条例》")主要在扩大工伤保险适用范围、调整扩大工伤认定范围、简化工伤认定程序、大幅度提高工伤保险待遇、增加基金支出项目和提高工伤保险强制力度等几个方面做出了新的规定。

我国在生产安全管理领域的杜绝事故隐瞒和事故善后处理方面制定的政策,充分显示了对安全管理工作的重视,同时在建筑生产安全管理方面也存在着如下问题:

在政府监管与管理方面,地方安监部门和建设行政主管部门是对建筑行业实施监督的中坚力量,但是其对地方建筑行业安全生产行为的监督管理仍较薄弱,基本上还停留在召开会议、下发文件、突击性安全生产大检查等实效性不高的传统模式上,缺乏实质监督的积极性、主动性,监管低效。

在建筑企业自身安全管理方面,首先,对安全生产的规律性认识不足,企业安全管理制度不健全,被动应付,发生安全事故后,不能积极有效上报事故情况,极力隐瞒,倾向于"私了"。

建筑工人自身素质方面,目前从事建筑施工的工人有数千万之多,建筑市场的施工队伍鱼龙混杂,大量拼凑而成的包工队、没有资质的队伍充斥市场,安全意识普遍缺乏,安全技术素质普遍偏低,诸多因素导致建筑伤亡事故时有发生。发生生产安全事故后,往往又缺乏维权意识,对自己应当享有的权益认识不清,故而在建筑企业的利诱和威胁之下最终也走向"私了"

"十三五"时期,中国无论是城市还是乡镇都正处于全面加速的建设发展时期,建设工程也向高、大、深、新的方向发展,使得建筑施工难度日益加大。建筑业的超常规发展,带来了建筑劳务整体素质的下降。这些也使得建筑业安全生产管理遇到强有力的挑战。

1.2 文献综述

1.2.1 国外安全管理研究现状

国外学者从 20 世纪 60~70 年代开始对施工安全这一领域进行研究,并就安全事故所造成的经济损失、影响建筑安全管理业绩的管理措施和管理手段进行了广泛深入研究,提出了一系列企业在安全管理方面应遵守的规则和建议。研究表明与其他行业相比,建筑业发生事故的概率还是相当高的。

Anderson 认为施工作业的高风险性决定了其建筑事故的高发生率,并且施工过程中安全事故的分析与控制理论和方法需要借鉴其他行业的事故研究方法和科技手段,降低事故发生的概率。

Lingard 认为施工事故的发生具有较强的规律性和自身特点,安全事故主要以高处坠落、施工坍塌、物体打击、机具伤害和触电等五大类型为主。

Helander 分析了建筑倒塌和原材料的掉落等事故,认为许多这类事故可以通过构建合适的安全生产过程(施工程序和安全规范等措施)来避免。

Hinze 统计了 1971 年以来美国的建筑安全事故情况,发现现场技术人员的安全管理行为(包括必要的个人安全装备、常规安全会议和安全培训等)是非常重要的。

Kartam 研究了施工安全的要素,确定了影响安全生产的最基本因素包括无组织的劳动力、不完善的事故跟踪和报告系统、外部劳动力的广泛应用、低水平的技术人员、缺乏安全细则和规章制度、对安全不够重视、建设公司规模小、激烈竞争、夏天恶劣的天气条件。

EdwinSawacha 认为施工现场安全事故的影响因素来自很多方面,通过大量的事故样本中对这些因素进行关联分析和总结发现,与现场安全生产相关最显著的五种因素是:施工交底、安全手册的提供、安全装备的提供、安全环境的提供、合格的安全管理专职人员等。

Hinze 认为"安全事故主要是由项目特征、经验、管理组织等几项因素引起的"。国外的学者主要有 DaleC、Hinze、Levitt 等对有关安全投资方面进行研究。DaleC 给出了安全投资成本的内容,他认为安全投资成本包括安全管理上的投资和安全事故所造成的损失两个方面。Levitt 指出,施工企业对于安全投资持消极态度,对减少安全投资抱有侥幸心理。

加拿大学者 Brody 等人对安全事故间接费用进行了计算,计算内容主要包括受害人当天的工资、企业物质、企业财产等几部分。Sheriff 和 Birds 都把事故损失分为直接损失和间接损失,并且各自计算出两者的比例,Sheriff 认为"直接、间接损失比为 1∶10"。Birds 则认为能达到 1∶50。

Mohan 从美国 91953 起建筑伤害与疾病的案例分析给出了每起建筑伤害每一工人的赔偿额为 9102 美元,是整个事故成本的 45%。KomakiJ 等人运用行为分析的方法提出了改进职工安全状况,减少事故发生,从而控制损失的产生的理念。

国际劳工局对损失计算是分阶段进行的,它把事故损失主要分为直接损失和间接损失,按企业生产计划、企业运营、与生产损失相关联期间三个阶段分别对两类事故损失进行计算。英国 HSE 对事故损失进行计算,统计时主要依据英国完善的保险制度,从保险、非保险两个方面计算损失费用。FarrowS 利用发生安全事故次数及安全损失大小的规则对企业安全状况进行了测量,建议企业根据测量结果加强安全管理,减少事故损失。

综上所述,国外学者主要从事故控制理论和方法,建筑施工安全要素及事故类型分析,安全投资成本及安全投资侥幸心理,安全生产过程分析,行为控制,事故损失直间比计算等这几个方面对安全管理进行研究,关于事故隐瞒的文献就相对较少。

1.2.2 国内安全管理研究现状

当前中国安全管理领域的研究集中在对安全事故数据信息的收集和统计归纳、事故预测预防、应急管理、现场处置及善后处理理论、方法和制度建设等方面。

李生才、王亚军等从 2001 年起,每年报道国内重大安全事故数据,并对事故数据进行分析,深层次解释中国生产安全状况。

彭晓晓、卢伟和贾俊妮等选用了灰色系统预测和 BP 神经网络的定量性预测方法对中国的建筑安全事故起数和死亡人数进行了预测仿真。将仿真的结果与实际统计值进行比较,提出了建筑安全事故的预防和控制对策。

许乐阳提出建筑安全政府监管不力的背景下参建主体的安全行为不规范是安全事故频发的根本原因之一,以安全行为的分析为基础,从运行机理、监督对象、参建主体安全行为框架及保障机制等几个方面探索了行为监督模式在建筑安全监管中的应用。

张海宁应用 PHP 技术、MySQL 数据库和 JavaScript 语言研究开发了建筑施工安全管理系统,对未来可能发生的事故和伤害以及发生趋势进行预测以提前做好预防措施,控制和减少人员伤亡和财产损失。

李国战从安全成本的角度出发,运用安全经济学的原理,就如何进行安全成本的核算和控制进行了研究。

蓝海探寻适合中国国情的建筑安全信息管理机制。详细介绍了构建中国建筑安全信息管理机制的目标和框架,具体阐述了机制系统的结构和各个子系统,并介绍了机制系统的运行方式。

李乐提出了基于范例推理的建筑企业安全事故应急管理决策推理模型,以安全事故应急管理决策推理模型为基础,设计建筑企业安全事故应急管理决策支持系统。

韦小敏提出了建筑安全监督管理体制构建的理论框架。

梁杰运用博弈分析的方法提出煤矿行业的暴利、预期瞒报谎报失败的概率和瞒报谎报失败后的惩罚是相关责任人是否隐瞒事故的三大主要因素。并结合中国的实际情况,对矿难后地方责任人进行事故瞒报谎报的原因、方式进行深层次分析和探讨。最后提出调整现有煤矿行业准入门槛、拓宽矿难信息传递渠道以及法律等方面的建议,以期达到各个参与人能够如实上报矿难信息的目的。

综上所述，国内学者对建筑安全的管理主要是从事故原因分析、事故影响因素、安全事故情况的一些简单的统计,规律性还不是很强,事故预测与控制,事故经济损失要素的分析,安全成本核算和控制,如何让企业加大前期安全投入,以及建设主管部门对建筑企业安全措施是否达标和是否按规程操作的监督这几个方面展开的,关于工伤赔偿额的具体计算和分析,事故隐瞒对建筑企业经济损失的影响的研究几乎没有,关于事故隐瞒的研究也很少,已有的事故隐瞒研究也主要是集中在煤炭行业,建筑生产安全事故隐瞒的研究就更有限。

1.3 问题的提出

近一段时期,不断有安全事故隐瞒事件被曝光,主要涉及煤炭行业,很少涉及建筑行业,那是不是就说明建筑行业不存在安全事故隐瞒呢?显然不是的,在建筑业常听到的"私了"二字就足以证明建筑业安全事故隐瞒的存在性以及存在的普遍性,只是建筑行业的单起事故的危害性相对于煤矿较小,故而没有引起人们过多的关注。

事故信息的及时有效上报是有其积极意义的。对某一建筑企业或某一事件而言,事故发生具有偶然性,但从整个行业或某个区域来说,事故的时间与空间分布表现出规律性。认识这种必然存在于偶然中的规律性对于做好安全生产的宏观预警和采取有效预防措施具有重大意义。另外,事故上报也有利于上级部门第一时间调动资源采取应急救援措施,从而避免事故的扩大性损失。同时,事故上报也可以保证工伤职工及其家属享受其应得工伤待遇。

既然事故上报有如此积极意义,可是,为什么在事故发生后,"私了"成了各相关方的倾向性或者说是习惯性选择呢?做任何一个决定都有其背后的得失权衡,作为建筑安全事故的利益相关者之一的伤亡职工及其家属,面对事已至此的境地,他们普遍考虑的是在事故上报和事故隐瞒两种情况下,哪一个赔偿额高的问题,所以为了了解清楚这个问题,有必要对伤亡赔偿额理论值和实际赔偿额进行计算和对比分析,同时对伤亡职工及其家属的决策路径进行分析,试图从中找到有效的杜绝事故隐瞒的好方法。利益相关者之二的建筑企业,他们考虑的是在两种情况下,哪一个自己的损失最小的问题,针对这个问题,有必要对事故隐瞒引起的建筑企业事故经济损失增加和减少的部门进行对比分析。利益相关者之三的地方政府,他们关心的也是哪种情况对自身利益的损害更小。鉴于目前建筑企业是否上报事故和地方政府是否实施有效监督事实上一个博弈的过程,所以有必要对二者的博弈行为进行分析,便于从中找到实现所期望的建筑企业选择事故上报和地方政府选择监督这一目标的办法。

在工程建设事故管理领域的研究资料很多,但是针对事故隐瞒的研究相对较少,而且还多是针对煤炭行业这一特殊客体的研究,对建筑行业的事故隐瞒的资料更少。再加上事故上报对安全工作的整体指导性意义,怎样有效杜绝建筑行业的事故隐瞒,避免由其带来的扩大损失和潜在安全隐患这一课题的研究就显得尤为重要。故本研究打算从建筑行业的事故隐瞒行为各利益相关者的角度进行分析对这一问题进行研究,以期望对建筑业安全管理尽自己一份微薄之力。

1.4 研究内容及研究路线

1.4.1 研究内容

本部分针对建筑行业事故隐瞒现象,从以下几个方面展开研究:

(1)理论工伤赔偿额与实际赔偿额的对比分析。鉴于工亡职工及其家属往往是出于"事故隐瞒的赔偿额要高于事故上报的赔偿额"的考虑而最终选择事故隐瞒的,本文首先就来论证这个想法的可靠度、真实性,以建筑工伤中的一个特殊情况"工伤死亡"(以下简称"工亡")为例,分别计算考虑和不考虑供养亲属抚恤金调整和资金时间价值因素影响的两种情况下的工亡理论赔偿额。另外,对建筑行业的工亡真实案例情况进行统计,将理论值与实际值进行对比分析。

(2)事故隐瞒引起损失增加和减少的要素分析。针对建筑企业处理安全事故以谋求自身利益最大化的考虑,本文对建筑企业事故经济损失各要素进行分析,并在此基础上,分析事故隐瞒引起的损失增加和减少的要素,总结建筑企业选择事故隐瞒的重要原因。

(3)各利益相关方事故隐瞒机理研究。针对伤亡职工家属事故隐瞒的现象,利用决策树路径选择的方法对其进行理论分析,探讨规范其事故上报行为的解决办法;针对地方政府和建筑企业的事故隐瞒现象,采用博弈论最优策略下划线法的逆向思维方法对二者的事故隐瞒行为进行分析研究,寻找让双方的策略(监督、事故上报)成为唯一最优策略的办法,从而有效遏制事故隐瞒的发生。

(4)建筑安全管理建议。根据以上分析的结论,提出相对应的实施建议,以有效地改变目前事故隐瞒的现状。

1.4.2 研究路线

本研究路线如下:

(1)针对伤亡职工及家属,根据《工伤保险条例》及相关规定计算理论赔偿额,收集工亡赔偿案例,统计实际赔偿额。

(2)针对建筑企业,总结建筑企业安全事故经济损失各元素,并分析隐瞒事故相对于上报事故所导致的经济损失增加和减少的要素。

(3)在以上分析的基础上,采用决策树路径选择的方法对伤亡家属的事故隐瞒行为进行分析,提出避免伤亡家属的不规范行为的办法。采用最优策略下划线法的逆向思维方法分析如何使地方政府和建筑企业在事故隐瞒博弈中实现预期最优策略。

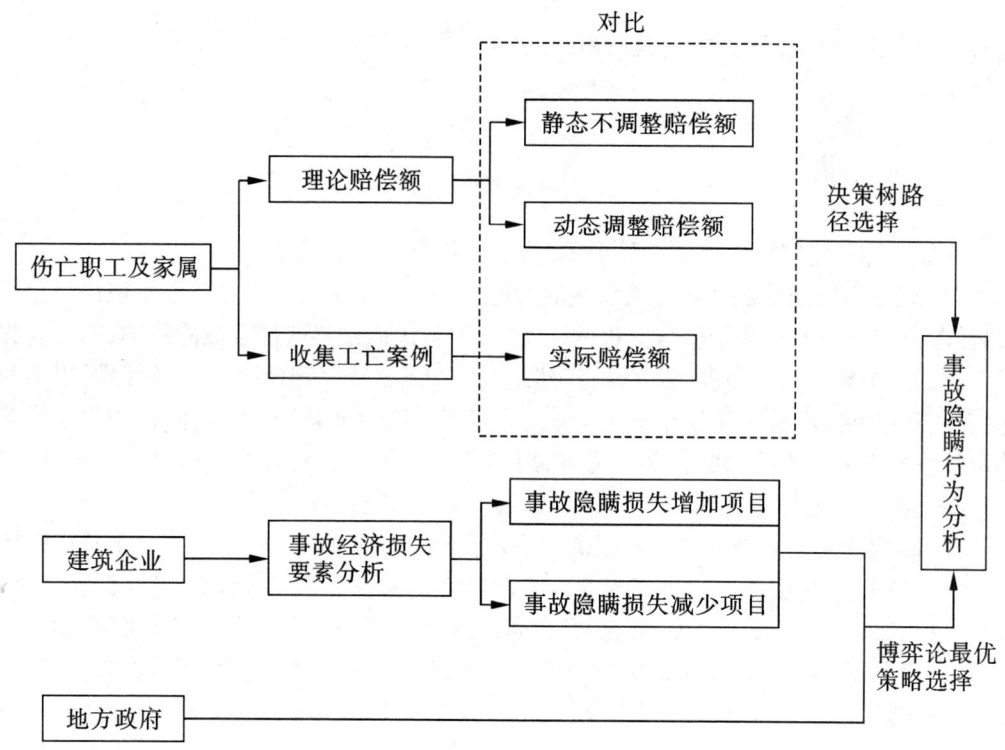

图 1-3 研究路线

第2章 工亡赔偿额计算

近年来,建筑事故频繁发生,发生事故后及时有效地处理善后事宜,避免激化矛盾,就显得尤为重要。处理方法中经常出现隐瞒行为,那么隐瞒与不隐瞒对于个人和企业来讲有多大利益差距呢?为了弄清这个问题,下面对现行工伤条例的赔偿额进行计算,并与实际案例的赔偿情况进行对比,找出隐瞒行为背后的经济利益动机。

建筑事故工伤死亡人员一般包括合法用工单位伤亡人员、非法用工单位伤亡人员。由于建筑事故的主体存在差异,遇难者死亡待遇和赔偿标准也各不尽相同。

本章依据工伤赔偿有关的法律、法规,把工伤中的特殊情形"工伤死亡"(下称"工亡")作为研究的对象,重点研究新《条例》中涉及工亡待遇的相关条款,尤其是新《条例》与原《条例》不同的部分,依据工伤保险条例中伤亡赔偿标准计算出"工亡"理论赔偿额。

2.1 合法用工单位工亡赔偿额理论值计算

2.1.1 计算依据及样本选取说明

本文所指合法用工单位指新《条例》中第一条中提到的"中华人民共和国境内的企业、事业单位、社会团体、民办非企业单位、基金会、律师事务所、会计师事务所等组织和有雇工的个体工商户"。用人单位应当依照本条例规定参加工伤保险,为本单位全部职工或者雇工缴纳工伤保险费。合法用工单位职工因工死亡,其近亲属可依据新《条例》相关规定从工伤保险基金领取丧葬补助金、供养亲属抚恤金和一次性工亡补助金,这三项之和即构成工亡职工理论赔偿额。

吴书安等通过对江苏省建筑劳务用工的抽样调查,发现建筑劳务用工老龄化的现状,到2009年,建筑劳务用工平均年龄上升至39.9岁,虽然是对江苏省建筑劳务工人的调查,但很具有代表性。本研究就依据这个平均年龄选取一个真实的案例作为计算样本,"亡者40岁,有女儿12岁,儿子8岁,妻子39岁(具备劳动能力),父亲65岁、母亲60岁",为便于研究计算,将样本计算参数选取为焦作本地的参数并假设亡者于2012年6月在合法用工单位发生建筑施工安全事故死亡,因事故发生在新《条例》实施之后,故参照新《条例》的相关规定进行计算(下文计算均以2012年6月为时点进行)。

2.1.2 丧葬补助金

新《条例》第三十九条第一款与原《条例》第三十七条第一款均规定:丧葬补助金为6个月的统筹地区上年度职工月平均工资。

新条例关于丧葬补助金的规定与原条例是一致的,并没有调整。"统筹地区"指工伤保险的区域范围,如省级统筹、市级统筹。新《条例》第十一条规定"工伤保险基金逐步实行省级统筹。",但是现阶段河南省还没有实现省级统筹,所以计算丧葬补助金还是依照市级统筹,参照市级地区的上年度平均工资计算。故将条款里的"统筹地区上年度"定义为"焦作地区2011年"(即工亡事故发生地为焦作,发生时间为2012年)。

根据河南省年鉴(2012)的统计,2011年焦作市城镇单位在岗职工年平均工资为31245元。则焦作地区2011年职工月平均工资:31245÷12 = 2603.75元

故丧葬补助金 = 2603.75×6 = 15622.5元

2.1.3 供养亲属抚恤金

(1)供养亲属抚恤金计算的相关规定

新《条例》第三十九条第二款与原《条例》第三十七条第二款均规定:供养亲属抚恤金按照职工本人工资的一定比例发给由因工死亡职工生前提供主要生活来源、无劳动能力的亲属。标准为:配偶每月40%,其他亲属每人每月30%,孤寡老人或者孤儿每人每月在上述标准的基础上增加10%。核定的各供养亲属的抚恤金之和不应高于因工死亡职工生前的工资。供养亲属的具体范围由国务院社会保险行政部门规定。

新《条例》第四十条和原《条例》第三十八条均规定:供养亲属抚恤金由统筹地区社会保险行政部门根据职工平均工资和生活费用变化等情况适时调整。调整办法由省、自治区、直辖市人民政府规定。

"本人工资"在新《条例》第六十四条中有解释:"指工伤职工因工作遭受事故伤害或者患职业病前12个月平均月缴费工资。本人工资高于统筹地区职工平均工资300%的,按照统筹地区职工平均工资的300%计算;本人工资低于统筹地区职工平均工资60%的,按照统筹地区职工平均工资的60%计算"。

鉴于工资的行业差异性很强,案例中亡者的本人工资不再参考2011年焦作市城镇单位在岗职工平均工资,改为参照建筑行业的平均工资,并且考虑到建筑工人流动性强的特点,所以参照整个河南省的建筑行业平均工资为佳。依中国统计年鉴(2012)相关统计,2011年河南省建筑行业城镇单位就业人员平均工资为28170元/年,所以本文设定亡者生前工资为28170元/年。

此外,《因工死亡职工供养亲属范围规定》(劳社部18号令)第2条对因工死亡职工供养亲属的范围进行了规定;第3条对工亡职工供养亲属可申请供养亲属抚恤金的条件进行了限定;第4条对领取抚恤金人员停止享受抚恤金待遇的情况进行了说明。

1) 因工死亡职工供养亲属的范围。

《因工死亡职工供养亲属范围规定》(劳社部 18 号令)所称因工死亡职工供养亲属,是指该职工的配偶、子女、父母、祖父母、外祖父母、孙子女、外孙子女、兄弟姐妹。

所称子女,包括婚生子女、非婚生子女、养子女和有抚养关系的继子女,其中,婚生子女、非婚生子女包括遗腹子女;

所称父母,包括生父母、养父母和有抚养关系的继父母;

所称兄弟姐妹,包括同父母的兄弟姐妹、同父异母或者同母异父的兄弟姐妹、养兄弟姐妹、有抚养关系的继兄弟姐妹。

2) 工亡职工供养亲属申请供养亲属抚恤金的条件限制。

因工死亡职工供养亲属的范围的亲属,依靠因工死亡职工生前提供主要生活来源,并有下列情形之一的,可按规定申请供养亲属抚恤金:

①完全丧失劳动能力的;

②工亡职工配偶男年满 60 周岁、女年满 55 周岁的;

③工亡职工父母男年满 60 周岁、女年满 55 周岁的;

④工亡职工子女未满 18 周岁的;

⑤工亡职工父母均已死亡,其祖父、外祖父年满 60 周岁,祖母、外祖母年满 55 周岁的;

⑥工亡职工子女已经死亡或完全丧失劳动能力,其孙子女、外孙子女未满 18 周岁的;

⑦工亡职工父母均已死亡或完全丧失劳动能力,其兄弟姐妹未满 18 周岁的。

3) 停止享受抚恤金待遇的情形。

领取抚恤金人员有下列情形之一的,停止享受抚恤金待遇:

①年满 18 周岁且未完全丧失劳动能力的;

②就业或参军的;

③工亡职工配偶再婚的;

④被他人或组织收养的;

⑤死亡的。

(2) 供养亲属抚恤金的计算

鉴于条例中关于供养亲属抚恤金调整的规定,以及供养亲属抚恤金是分批按月支付的,涉及到资金的时间价值的因素,所以在这一节可以分别计算出不考虑抚恤金调整和资金时间价值的静态不调整的供养亲属抚恤金和考虑以上两个因素的动态调整的供养亲属抚恤金。

1) 静态不调整的供养亲属抚恤金计算。

亡者妻子:因其 2012 年未达到配偶规定的年龄 55 岁,且具备劳动能力,故其不能够申请供养亲属抚恤金;

亡者父亲、母亲,每月可得到死者生前工资的 30%,直到死亡。

根据中华人民共和国国家统计局 2010 年第六次全国人口普查详细汇总资料计算,我国人口平均预期寿命达到 74.83 岁,男性为 72.38 岁,女性为 77.37 岁。为便于计算工亡家属供养年数,对预期寿命进行四舍五入,即男性72岁,女性77岁。亡者父亲供养年数为7.5年(72-65+0.5),亡者母亲供养年数为17.5年(77-60+0.5);且按预期寿命计算7.5年后其父亲亡故后,其母亲即变为孤寡老人,其应得供养抚恤金要在原来的标准的基础上增加10%,即其母在领取供养抚恤金的后10年里,可得亡者生前工资的40%。

亡者儿子、女儿,每月可各得到死者生前工资的30%,直到年满十八周岁或就业参军。女儿供养年数为6.5年(18-12+0.5),儿子供养年数为10.5年(18-10+0.5)。

通过分析可以发现:

第1~7年(即从2012.6~2018底),按上述比例计算的抚恤金为死亡职工生前工资的120%(父亲、母亲、儿子、女儿每人各30%)大于死亡职工生前的工资,而《条例》中有"各供养亲属的抚恤金之和不应高于因工死亡职工生前的工资"的限制,因此按因工死亡职工生前的工资计算。

其家属共可得抚恤金为(28170×6.5=183105元);

第8年(即2019年),其女儿不再具备领取抚恤金的资格,此时亲属应得的抚恤金为死亡职工生前工资的90%(父亲、母亲、儿子每人各30%)。

其家属共可得抚恤金为(28170×90%×1=25353元);

第9~11年(即2020~2022年),其父亲亡故,不再具备领取抚恤金的资格,此时亲属应得的抚恤金为死亡职工生前工资的70%[其母亲(孤寡老人)的40%和其儿子的30%]。

其家属共可得抚恤金为(28170×70%×3=59157元);

第12~18年(即2023~2029年),其儿子不再具备领取抚恤金的资格,此时亲属应得的抚恤金为死亡职工生前工资的40%(仅其母亲(孤寡老人)的40%)

其家属共可得抚恤金为(28170×40%×7=78876元);

供养亲属抚恤金=183105+25353+59157+78876=346490元

为便于查看,将以上计算过程列于下表2-1:

表2-1 静态不调整供养亲属抚恤金计算表 （单位:元）

年份	供养亲属抚恤金
2012~2018	28170×6.5=183105
2019	28170×90%×1=25353
2020~2022	28170×70%×3=59157
2023~2029	28170×40%×7=78876
总计	346490

2)动态调整的供养亲属抚恤金计算。

以上计算的供养亲属抚恤金没有考虑工伤保险待遇调整以及时间价值这两个因素。接下来计算考虑供养亲属抚恤金调整和资金时间价值两个因素的情况下供养亲属抚恤金的折现值。

①2005~2012供养亲属抚恤金调整额计算。

以河南省为例,根据河南省人力资源与社会保障厅(原称河南省劳动和社会保障厅)自2005年开始下达的关于各年调整伤残津贴等工伤保险待遇的通知,2006~2008年的调整办法是每年给出调整基数:"2006年调整基数=统筹地区2005年度在岗职工平均工资×全省2005年度在岗职工平均工资增长率÷12;2007年调整基数=统筹地区2006年度在岗职工平均工资×全省2006年度在岗职工平均工资增长率÷12×60%;2008年调整基数=统筹地区2007年度在岗职工平均工资×全省2007年度在岗职工平均工资增长率÷12×55%",然后依据"配偶抚恤金调整额=基数×40%(孤寡老人为50%);其他亲属抚恤金调整额=基数×30%(孤寡老人或孤儿为40%)"计算对应亲属抚恤金的调整额。

除了以上三年是给出调整基数,然后按比例计算调整额之外,其余各年的调整额是在河南省人力资源与社会保障厅或劳动和社会保障厅下的通知中直接写明的具体的统一的数字。鉴于2009~2012年的调整额在全省各个统筹地区是统一的,所以为了便于计算和分析,在计算2006~2008年调整值时,统筹地区某年度在岗职工平均工资以对应年份的河南省城镇单位在岗职工平均工资为准进行计算。将河南省2005~2012各年供养亲属抚恤金调整值计算并填表2-2如下:

表2-2 河南省2005~2012各年供养亲属抚恤金调整情况　　(单位:元/月)

调整年	执行时间	配偶		其他供养亲属	
		非孤寡老人	孤寡老人	非孤寡老人和孤儿	孤寡老人和孤儿
2005	2004-7-1	35	45	25	45
2006	2006-7-1	85	106	64	85
2007	2007-7-1	64	80	48	64
2008	2008-1-1	72	90	54	72
2009	2009-1-1	72	89	54	72
2010	2010-1-1	75	95	55	75
2011	2011-1-1	100(900)	120(1100)	75(700)	100(900)
2012	2012-1-1	110(900)	140(1100)	85(700)	110(900)

注:

1. 表中除了带括号的数字均表示对应年,对应工亡职工家属每人每月所得抚恤金的增加额。

2. 对于1996年10月1日以前享受供养亲属抚恤金待遇的人员,在调整政策上有额外照顾,在这里暂不考虑,仅考虑1996年10月1日后享受抚恤金待遇的供养亲属的调整情况。

3. 表中的"(900)"是指根据调整标准调整后,每月待遇仍小于900元/人时,享受到的待遇以900元/人为准。

②供养亲属抚恤金调整的规律。

根据河南省近几年供养亲属抚恤金调整情况来找寻抚恤金调整的规律。令"统筹地区某年度在岗职工平均工资×全省某年度在岗职工平均工资增长率÷12"=某年度在岗职工平均工资平均每月增长值。对比2006、2007、2008三年调整基数的计算公式,可以发现其中的不同:2006年调整基数=2005年度在岗职工平均工资平均每月增长值×100%;2007年调整基数=2006年度在岗职工平均工资平均每月增长值×60%;2008年调整基数=2007年度在岗职工平均工资平均每月增长值×55%。

根据2009~2011年河南省发布的文件中的数字参照2006~2008年的计算方法,倒推得到2009~2012年调整基数分别等于各年度在岗职工平均工资平均每月增长值乘以87%、77%和78%,求得100%、60%、55%、47%、80%、92%、75%的平均值为73%。因此,估算未来某年调整基数为对应年度在岗职工平均工资平均每月增长值与平均值73%的乘积。

③平均工资增长率估算。

最近的增长率对未来估计的增长率影响是最大的,越往前的相关性就越小,在这里假设2011年增长率对估计的未来若干年的平均工资增长率的影响比例是60%,往前每推一年,其对应的影响比例均是剩余比例的60%,如此往前推,可知各年增长率的影响比例为60%×(1-60%)=24%;60%×(1-60%-24%)=9.6%;60%×(1-60%-24%-9.6%)=3.84%;60%×(1-60%-24%-9.6%-3.84%)=1.5%;60%×(1-60%-24%-9.6%-3.84%-1.5%)=0.64%;计算见表2-3。

表2-3 河南省城镇单位在岗职工年平均工资增长率估算

年份	2004	2005	2006	2007	2008	2009	2010	2011
年平均工资(元)	12114	14282	16981	20935	24816	27357	30303	34203
年平均工资增长率(A)	—	17.90%	18.90%	23.28%	18.54%	10.24%	10.77%	12.87%
影响比例(B)	—	0.0042	0.0064	0.015	0.0384	0.096	0.24	0.6
(A×B)	—	0.08%	0.12%	0.35%	0.71%	0.98%	2.58%	7.72%

估算河南省城镇单位在岗职工平均工资平均增长率=0.08%+0.12%+0.35%+0.71%+0.98%+2.58%+7.72%=12.55%。

④2012~2030年平均工资、调整基数和抚恤金调整额估算。

在估算出河南省城镇单位在岗职工平均工资平均增长率的基础上,对未来2012~2030年的平均工资、调整基数、供养亲属抚恤金对应比例的调整额进行估算,见表2-4。

以上估算出了2012~2030年的平均工资、调整基数、供养亲属抚恤金对应比例的调整额。接下来再来考虑资金的时间价值因素的影响,在此假设基准利率为4%,同样参照前面的案例,计算供养亲属抚恤金调整及资金时间价值这两个因素共同影响下的供养亲属抚恤金额度的大小,将计算出的对应每年可领取的供养亲属抚恤金进行折现,并计算出最终的累积额,计算如下表2-5。通过计算,发现考虑供养亲属抚恤金调整及资金时间价值这两个因素影响的情况下,供养亲属抚恤金约58万元,比前面计算出的33万元多出将近25万元。

表 2-4 河南省 2012-2030 年城镇单位在岗职工年平均工资及抚恤金调整额估算值

(单位:元)

年份	2011	2012	2013	2014	2015	2016	2017	2018	2019	2020
年平均工资	34203	38495	43327	48764	54884	61772	69524	78250	88070	99123
下一年调整基数(M)	—	294	331	372	419	472	531	597	672	757
$M×30\%$	—	88.17	99	112	126	141	159	179	202	227
$M×40\%$	—	118	132	149	168	189	212	239	269	303
$M×50\%$	—	147	165	186	210	236	265	299	336	378
年份	2021	2022	2023	2024	2025	2026	2027	2028	2029	2030
年平均工资	111563	125564	141322	159058	179020	201487	226773	255234	287265	323317
下一年调整基数(M)	852	959	1079	1214	1367	1538	1731	1949	2193	2468
$M×30\%$	256	288	324	364	410	461	519	585	658	741
$M×40\%$	341	383	432	486	547	615	693	779	877	987
$M×50\%$	426	479	539	607	683	769	866	974	1097	1234

表 2-5 考虑供养亲属抚恤金调整及资金时间价值的供养亲属抚恤金计算表 (单位:元)

年份	2012(半年)	2013	2014	2015	2016	2017	2018	2019	2020
调整基数 M	—	294	331	372	419	472	531	597	672
$M×30\%$	—	88	99	112	126	141	159	179	202
$M×40\%$	—	118	132	149	168	189	212	239	269
工亡职工母亲抚恤金①	4226	9509	10700	12040	13549	15246	17157	19308	22535
工亡职工父亲抚恤金②	4226	9509	10700	12040	13549	15246	17157	19308	0
工亡职工儿子抚恤金③	4226	9509	10700	12040	13549	15246	17157	19308	21728
年抚恤金终值①+②+③	12677	28527	32100	36120	40646	45739	51472	57923	44264
折现系数	1.0000	0.9615	0.9246	0.8890	0.8548	0.8219	0.7903	0.7599	0.7307
折现后年抚恤金	12677	27429	29679	32111	34744	37593	40678	44016	32343
累计折现后年抚恤金	12677	40106	69785	101896	136640	174233	214911	258927	291270

续表 2-5

年份	2021	2022	2023	2024	2025	2026	2027	2028	2029
调整基数 M	757	852	959	1079	1214	1367	1538	1731	1949
M×30%	227	256	288	324	364	410	461	519	585
M×40%	303	341	383	432	486	547	615	693	779
工亡职工母亲抚恤金①	26168	30256	34857	40036	45865	52426	59809	68120	77473
工亡职工父亲抚恤金②	0	0	0	0	0	0	0	0	0
工亡职工儿子抚恤金③	24453	27519	0	0	0	0	0	0	0
年抚恤金总额终值①+②+③	50620	57775	34857	40036	45865	52426	59809	68120	77473
折现系数	0.7026	0.6756	0.6496	0.6246	0.6006	0.5775	0.5553	0.5339	0.5134
折现后年抚恤金	35566	39033	22643	25007	27547	30276	33212	36369	39775
累计折现后年抚恤金	326836	365869	388512	413519	441066	471341	504553	540922	580697

2.1.4 一次性工亡补助金

新《条例》第三十九条第三款规定：一次性工亡补助金标准为上一年度全国城镇居民人均可支配收入的 20 倍。

原《条例》第三十七条第三款规定：一次性工亡补助金标准为 48 个月至 60 个月的统筹地区上年度职工月平均工资。具体标准由统筹地区的人民政府根据当地经济、社会发展状况规定，报省、自治区、直辖市人民政府备案。

新《条例》相比原《条例》关于工亡待遇方面的变动是大幅度提高了一次性工亡补助金。

本文中所提案例事故发生时间在新《条例》实施之后，故应参照新《条例》第三十九条第三款规定计算一次性工亡补助金。

国家统计局发布 2011 年宏观数据显示，城镇居民人均可支配收入 21810 元，故一次性工亡补助金 = 21810×20 = 436200 元。

2.1.5 工亡赔偿理论值合计

根据以上计算，该工亡职工的各项赔偿费用如下：

丧葬补助金 = 2603.75×6 = 15622.5 元

不考虑抚恤金调整及资金时间价值因素的情况下，静态不调整的供养亲属抚恤金 = 183105+25353+59157+78876=346490 元。

考虑抚恤金调整及资金时间价值因素的情况下，动态调整的供养亲属抚恤金 = 580697 元。

一次性工亡补助金 = 21810×20 = 436200 元。

静态不调整的工亡赔偿理论值 = 15622.5+346490+436200 = 798312.5 元。

动态调整的工亡赔偿理论值 = 15622.5+580697+436200 = 1032519.5 元。

为便于对比分析，将考虑和不考虑供养亲属抚恤金和资金时间价值两种情况下的动态调整工亡赔偿和静态不调整工伤赔偿情况写入下表 2-6。

表 2-6 两种情况下的工亡赔偿额对比　　　　　　　　　　（单位：元）

赔偿项目	静态不调整	动态调整
丧葬补助金	15622.5	15622.5
供养亲属抚恤金	346490	580697
一次性工亡补助金	436200	436200
工亡赔偿总额	798312.5	1032519.5

通过对比可以发现，动态调整工亡赔偿额比静态不调整工亡赔偿额要多近 25 万元，其差距是巨大的。

2.2 非法用工单位工亡赔偿额理论值计算

非法用工单位伤亡人员，是指无营业执照或者未经依法登记、备案的单位以及被依法吊销营业执照或者撤销登记、备案的单位受到事故伤害或者患职业病的职工，或者用人单位使用童工造成的伤残、死亡童工。非法建筑用工单位发生安全事故，对死亡人员的赔偿项目为一次性赔偿金。

根据 2003 年颁布 2004 年实施的《非法用工单位死亡人员的一次性赔偿办法》（现已废止）的相关规定："受到事故伤害或患职业病造成死亡的，按赔偿基数的 10 倍支付一次性赔偿金。本办法所称赔偿基数，是指单位所在地工伤保险统筹地区上年度职工年平均工资。"

根据 2011 年实施的《非法用工单位死亡人员的一次性赔偿办法》（人社部 9 号令）的第六条规定："受到事故伤害或者患职业病造成死亡的，按照上一年度全国城镇居民人均可支配收入的 20 倍支付一次性赔偿金，并按照上一年度全国城镇居民人均可支配收入的 10 倍一次性支付丧葬补助等其他赔偿金。"

针对前面提到的事故案例，应参照 2011 年实施的《非法用工单位死亡人员的一次性赔偿办法》（人社部 9 号令）的相关规定计算。

工亡理论赔偿额 = 21810×30 = 654300 元。

2.3 理论赔偿额汇总

在本章 2.1 计算出了合法用工单位分别在不考虑和考虑抚恤金调整和资金时间价值两种情况下的静态不调整和动态调整理论工亡赔偿额,2.2 计算出了非法用工单位理论工亡赔偿额,现将各理论工亡赔偿额汇总如下表 2-7：

表 2-7 理论赔偿额汇总 （单位：元）

合法用人单位工亡赔偿额		非法用工单位工亡赔偿额
静态不调整	动态调整	
798312.5	1032519.5	654300

2.4 工亡实际赔偿额统计

依据工伤保险制度,工亡待遇是分两部分来支付的,丧葬补助金和一次性工亡补助金均是一次性支付的,另外的供养亲属抚恤金则是分批按月支付的。而现阶段发生工亡事故后实际的赔偿情况是伤亡家属和建筑企业私下和解现象较多,最终以一个赔偿额一次性了结。以下是作者搜集整理的工亡事故的实际赔偿例子,包括事故发生地、发生时间和实际赔偿情况（表 2-8,表 2-9）,因建筑生产安全事故赔偿案例有限,故而增加了煤炭行业及其他行业的生产安全事故赔偿案例,工伤保险待遇原本就不区分行业,所以可以借鉴参考。

表 2-8 建筑和其他未知行业的实际工亡赔偿情况 （单位：万元）

事故发生时间	发生地点	实际赔偿情况	事故发生时间	发生地点	实际赔偿情况
建筑行业事故工亡赔偿情况			2010	地点未知	33
2007	陕西	25	2010	江苏	45
2009	湖北十堰	32.25	2010	地点未知	55
2009	湖南株洲	40	2011	重庆	30
2010	安徽省蚌埠	8.4(非合法用工单位)	2011	黑龙江	32
2010	地点未知	30	2011	上海	36
2010	安徽省六安市	32	2011	黑龙江大庆	39.7
2011	地点未知	30	2011	山东济南	40 多
2011	河南省南阳市	32.5	2011	辽宁大连	45

续表 2-8

事故发生时间	发生地点	实际赔偿情况	事故发生时间	发生地点	实际赔偿情况
2011	河南洛阳	45	2011	山东	49
2011	广东汕尾	50	2011	四川成都	60
2012	地点未知	63	2011	河北邢台	70
2012	河南省某市	68	2012	湖南	30
2012	河南省南阳市	80	2012	山东济南	39
2012	湖北武汉	87.9	2012	山西	40
2012	山西南吕梁山隧道爆炸事故	80	2012	内蒙古	60
未知行业的工亡赔偿情况			2012	广东中山	60
2009	辽宁葫芦岛	27	2012	甘肃	60
2009	宁夏银川	29	2012	地点未知	70
2009	地点未知	41	2012	广东深圳	90
2010	山西临汾	31.5	2013	云南昆明	66.3
2010	北京	32	2013	湖南湘潭	75

表 2-9　煤炭行业工亡赔偿情况　　　　　　　　　　　（单位：万元）

事故发生时间	发生地点	实际赔偿情况
2001 年 7 月 17 日	广西"7·17 南丹矿难"	5 至 6.5
2002 年 5 月	山西运城富源煤矿矿难	6
2004 年 10 月 20 日	河南郑州煤电集团大平煤矿发生瓦斯爆炸事故	10
2004 年 11 月	陕西陈家山煤矿发生特大瓦斯爆炸	4.464
2004 年 12 月 9 日	山西大贤煤矿爆炸	20
2005 年 2 月 14 日	辽宁省阜新矿业集团孙家湾煤矿发生特大瓦斯事故	6
2005 年 3 月 16 日	河北省政府正式出台相关文件	煤矿事故≥20,非煤矿山≥15
2005 年 3 月 24 日	湖南省嘉禾县安堂山煤矿	18.9
2005 年 11 月 27 日	黑龙江省龙煤集团七台河分公司东风煤矿皮带井爆炸事故	不低于 20
2006 年 11 月 26 日	山西省临汾市的芦苇滩煤矿发生了瓦斯爆炸	不低于 20
2007 年 1 月 17 日	内蒙古包头壕赖沟铁矿矿难	20 至 27 不等

续表 2-9

事故发生时间	发生地点	实际赔偿情况
2008年6月5日	河南省义煤千秋煤矿"6.5"重大冲击地压事故	平均每人27.5
2009年3月20日	平顶山市新华区新华四矿发生安全事故	80.5
2009年3月25日	平顶山市新华区新华四矿发生安全事故	80.7
2010年3月28日	山西省临汾市乡宁县境内的王家岭煤矿透水事故	60左右
2010年4月10日	辽宁省本溪市馨城煤矿瓦斯爆炸事故	平均每人53.25
2011年11月3日	义马煤业集团千秋煤矿发生冲击地压事故	不低于40
2012年6月	辽宁北票市铁矿安全事故	60

基于以上收集的建筑和未知行业的工亡事故实际赔偿情况，作者着重对赔偿案例相对比较丰富的年份2009~2012年的赔偿情况进行了简单的分析，为了便于分析，暂不考虑事故发生地的经济水平对工亡赔偿额的影响，只是做一个简单的均值和离散系数的计算，分析见表2-10：

表2-10 建筑和其他未知行业的实际工亡赔偿统计分析

事故发生年	建筑行业赔偿均值（万元）	建筑行业赔偿额离散系数	未知行业赔偿均值（万元）	未知行业赔偿额离散系数	建筑和未知行业赔偿均值（万元）	建筑和未知行业赔偿额离散系数
2009	36.13	15.17%	32.33	23.42%	33.85	18.80%
2010	31.00	4.56%	39.30	26.47%	36.93	25.53%
2011	39.38	24.52%	44.63	29.56%	43.02	28.07%
2012	75.78	13.30%	56.13	34.48%	63.68	29.43%

关于煤炭行业安全事故，自2004年底，山西省率先在全国制订新规定，凡发生死亡事故的煤矿，包括各类保险在内，对遇难矿工的赔偿每人不得低于20万元人民币，之后，20万的赔偿标准在全国在一定时期内得到了普遍适用，再加上煤炭行业的高额利润的特性，所以说在事故善后赔偿的实际操作中，煤炭行业的工亡赔偿有其一定的特殊性，所以在本文中仅把一些案例进行罗列，供大家参考，不再和建筑事故和其他未知行业的事故放在一起进行分析。

尽管安全生产事故赔偿案例较少，分析的结果偏差性可能很大，但是一些计算结果在一定程度上还是可以反映一些问题的。通过工亡赔偿额均值的计算，发现总体上工亡赔偿额有逐年增长的趋势,这符合经济发展的规律,但是通过对赔偿额离散系数的计算,发现离散系数还是很大的,说明即使是在同一年发生的工亡事故,在赔偿额计算基数差别不大的情况下,不同事故的工亡赔偿额的差距还是很大的,这和工亡职工家庭情况、家属自身的维权意识、建筑企业的价值观以及"私了"谈判人员的能力等都有关系。另外也注意到在建筑事故案例中有一起事故,非合法用工单位所愿意支付的赔偿额仅8.4万元,较之合法用工单位少了很多。

2.5 理论赔偿额与实际赔偿额的对比分析

由于在建筑安全事故发生后,即使事故没有隐瞒,事故赔偿也多是伤亡职工家属和建筑企业在私下协商并最终达成一致的,并不公开赔偿额,所以很难获取大量的实际赔偿额数据。针对事故隐瞒的情况,因为"隐瞒"二字作祟,其伤亡赔偿额就更难获得,所以本节便把仅有的一些案例中的实际赔偿情况与以上计算出的在不考虑和考虑抚恤金调整和资金时间价值两种情况下的工亡赔偿额粗略进行一个对比。

(1)以上计算工亡事故理论赔偿额时,选择的案例事故发生在2012年,出于可比性的考虑,故而参照案例中同样发生在2012年的几起事故,虽然也涉及各地经济发展及个人家庭情况不同的因素,但还是相对具有可比性的。结合表2-9中计算出的结果,在2012年,建筑行业的工亡赔偿额均值为75.78万元,其他未知行业的工亡赔偿额均值为56.13万元,建筑和其他未知行业的工亡赔偿额均值为63.68万元,可见其他未知行业的工亡赔偿额均值和计算出的不考虑待遇调整和资金时间价值的工亡赔偿额78万还是有一定差距的,但是建筑行业的工亡赔偿额均值75.78万元与之还是很接近的,但是和考虑待遇调整和资金时间价值的动态调整工亡赔偿额103万相比却又相差很多。

(2)案例中2010年蚌埠市非合法用工单位对工亡人员赔偿8.4万,而国家关于非法用工单位工亡赔偿的规定:2009年度全国城镇居民人均可支配收入×30 = 17175×30 = 51.5万元,通过赔偿额的对比,可以很直观地发现非法用工单位实际赔偿额较之法定理论赔偿额相差很大。

2.6 本章小结

本章结合一个案例,依据《工伤保险条例》对合法用工单位理论工亡赔偿额进行了计算,包括不考虑供养亲属抚恤金调整和资金时间价值的静态不调整工亡赔偿额和考虑这两个因素影响的动态调整工亡赔偿额,通过对比发现这两个赔偿额的差距很大。依据《非法用工单位死亡人员的一次性赔偿办法》(人社部9号令)对非法用工单位工亡赔偿额进行了计算。并收集了建筑业工亡事故的实际赔偿例子,并将理论赔偿额与实际赔偿额进行对比,发现实际赔偿额之间差距很大,即使有些赔偿额与静态不调整工亡赔偿额比较接近,但仍远远小于动态调整赔偿额,而动态调整赔偿额才是工亡职工及其家属所应享有的赔偿待遇,所以《工伤保险条例》的执行力很低,即使是在网上公布出来的赔偿额,其很多赔偿并没有严格按照条例相关条款来实施。

第 3 章 建筑企业安全事故经济损失分析

为了分析建筑企业安全事故隐瞒背后的经济利益动机,在本章首先对建筑企业安全事故经济损失各要素进行分析,进而提出建筑企业事故隐瞒相比事故上报所引起损失增加和损失的要素。

目前采用的经济损失统计标准是《企业职工伤亡事故经济损失统计标准》(GB 6721—86)。经济损失为企业职工在劳动生产过程中发生伤亡事故所引起的一切经济损失,按与事故的关系划分为直接经济损失和间接经济损失。将事故直接导致的损失以及为防止事故损失扩大而发生的经济损失,即如果事故不发生则可以避免支出的费用,包括政府和企业直接支付的伤亡赔偿、善后处理以及财务损失等费用称为直接经济损失;而企业因事故导致的各种时间和资源等隐性损失则为间接经济损失,即与事故有关的费用增加和收入减少,这部分损失不仅仅包括了企业遭受的货币损失,还包括了企业生产率、劳动价值、企业声誉等非价值因素的损失。

因本章分析的是发生安全事故后,建筑企业(为职工购买工伤保险的建筑企业)所要承担的损失,所以在分析事故直接经济损失时,并不包括由工伤保险基金承担的工伤待遇。

因为前面计算伤亡赔偿时,针对的是"工亡"这一特殊情况,所以在分析建筑企业事故经济损失时,也针对"工亡"这一情形展开分析。图 3-1 为工亡事故建筑企业经济损失统计要素图。

3.1 事故直接经济损失要素

3.1.1 直接经济损失要素

(1)人身伤亡后直接支出的费用 C_{d1}

本文在计算这部分费用的时候,假定建筑企业依法给建筑工人购买工伤保险并依法上报事故,在这种情况下一旦发生安全事故,丧葬补助金、供养亲属抚恤金和一次性工亡补助金是由工伤保险金承担的,故而在计算企业的事故经济损失时,不再计算这部分费用,真正意义上分析建筑企业的纯经济损失,此部分费用包括:

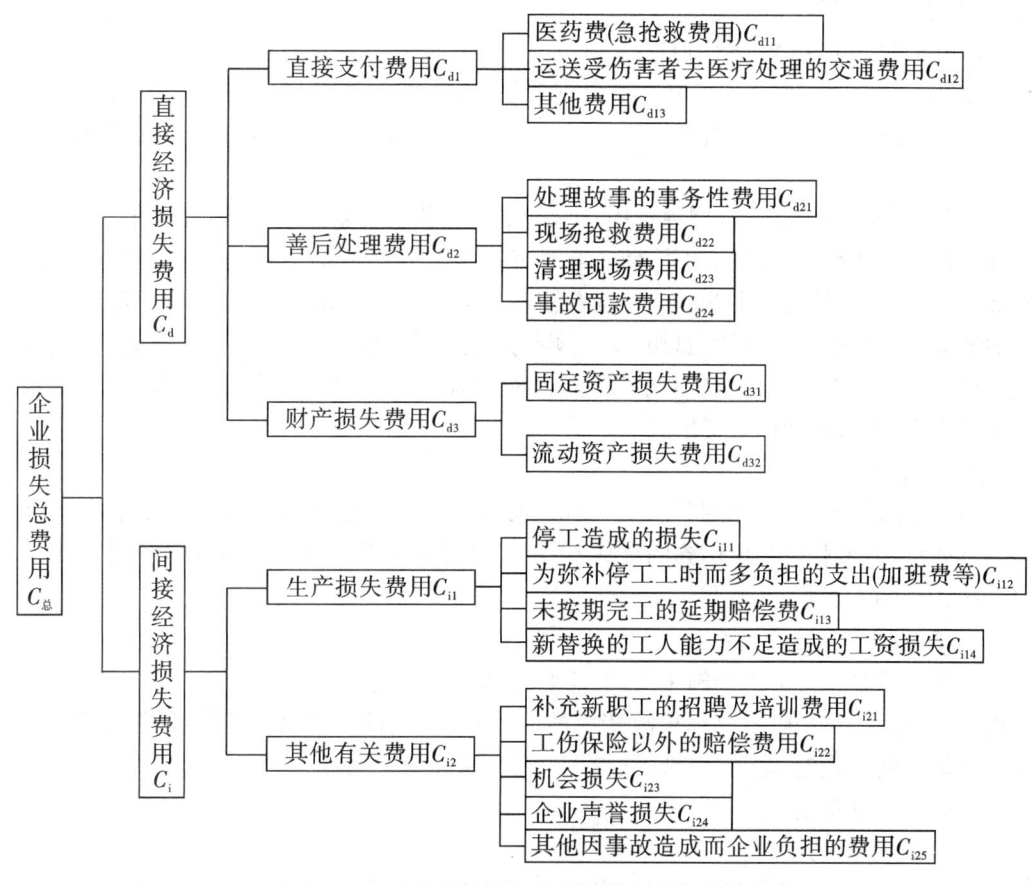

图 3-1 工亡事故建筑企业经济损失要素分类图

1)医药费(抢救费用)C_{d11}。

在工亡事故中,有些建筑工人是在事故发生地当场死亡,有些是在送到就近医院后,经抢救无效后宣布死亡,而后一种情况就会产生现场抢救费用和医药费。关于各项手术费用和药物费用,各地区的医疗服务价格对其都有较为明确的规定,此项费用可以参考医疗服务价格进行计算。

2)运送伤亡者去医疗处理的交通费用 C_{d12}。

此项费用的计算内容是送受伤害人员去医院的出租车费用或救护车费用。一般救护车收费标准为 50~150 元/人次。例如:2001 年,河南省物价部门与卫生部门曾联合出台了河南省医疗服务价格标准,按照规定,省、市、县三级医院每出一趟急救车,在 10 公里以内出车费为 20 元,超过 10 公里后,每超 1 公里加收 2 元。如果医护人员随车急救,还要收取每车次院前急救费 40 元。城市、医院不同,收费标准也不同,按照实际收费标准计量。

3)其他费用 C_{d13}。

慰问金、探望费等,这部分费用根据企业的惯例或实际情况确定。

(2)善后处理费用 C_{d2}

1)处理事故的事务性费用 C_{d21}。

处理工亡职工善后工作的各种事务性费用,包括用车费、人工费、接送工亡职工家属的旅费、通信费、招待亲属费、事故调查处理费、医药费(用于治疗亲属因悲痛过度引起晕厥或旧病复发等)。

事务性费用中的一些常规性费用,比如差旅费、伙食补助费等,可参照本单位的相关标准计量,如若没有规定的,也可参照当地市直机关或事业单位差旅费管理办法执行。例如:郑州市市直机关和事业单位差旅费管理办法(郑财行〔2008〕第4号)规定:出差人员的伙食补助费按出差自然(日历)天数实行定额包干。包干标准为:每人每天50元;出差人员的公杂费按出差自然(日历)天数,实行定额包干。包干标准为:每人每天30元,用于补助市内交通、通讯等支出。

2)现场抢救费用 C_{d22}。

指应急救援人员为了控制和终止事故、援救受困人员脱离事故现场所发生的费用,包括下列费用:抢救过程中用到的材料、燃料等物资消耗费;器材、装备等器械使用费;应急救援人员的人工费等。

3)清理事故现场费用 C_{d23}。

指为了恢复正常的生产施工活动,需要对事故现场进行整理、修复、清除残留物所支付的费用,包括下列费用:整理事故造成的施工材料、构件和料具等堆放的混乱;修复被事故破坏的防护设施、通道、电缆、线路、建筑构件等的费用;清除血迹、事故造成的施工垃圾等残留物的费用。

4)事故罚款费用 C_{d24}。

《生产安全事故报告和调查处理条例》(国务院令第493号)第37条规定:事故发生单位对事故发生负有责任的,发生一般事故的,处10万元以上20万元以下的罚款;发生较大事故的,处20万元以上50万元以下的罚款;发生重大事故的,处50万元以上200万元以下的罚款;发生特别重大事故的,处200万元以上500万元以下的罚款。事故发生后,有关部门会根据事故的危害程度及事故发生单位的失责程度确定对事故单位的处罚额度。

(3)财产损失费用 C_{d3}

建筑安全生产事故导致的企业财产的损失,主要包括建筑设备、工器具等固定资产的价值损失和材料、建筑产品等流动资产的物质损失。

1)固定资产损失费用 C_{d31}。

对于报废的固定资产,以重置同等功能固定资产的重置价值减去报废固定资产的残值计算;对于损坏的固定资产,以修复费用计算。

对于建筑设备、设施和工器具等固定资产的价值损失,应考虑扣除折旧额。通常采用平均年限法对资产进行折旧,固定资产年折旧额的计算为:

$$R = \frac{V_{原} \times (1-\beta)}{n} \tag{3-1}$$

式中 R——固定资产年折旧额;

n——固定资产折旧年限；

$V_\text{原}$——固定资产原值；

β——固定资产预计净残值率。

a. 当固定资产报废时，

$$C_{d31} = V_\text{重} - n_1 R \tag{3-2}$$

式中　n_1——固定资产损坏时已使用年限；

$V_\text{重}$——同等功能固定资产的重置价值（由于物价的因素，$V_\text{重}$往往大于$V_\text{原}$）。

b. 当固定资产可修复时，

$$C_{d31} = [V_\text{原} \times (1-\beta) - n_1 R]\left(1 - \frac{\eta_1}{\eta}\right) + C_r \tag{3-3}$$

式中　C_{d31}——固定资产损失费用；

η_1——固定资产修复后的生产率；

η——固定资产正常生产率；

C_r——修理费用。

针对以上计算中的参数固定资产的折旧年限的确定，国家有关部门对固定资产折旧的最短年限做了规定：机械设备或其他生产设备10年；火车、轮船以外的运输工具以及与生产有关的器具、工具等5年。预计净产值率是预计的固定资产净残值与固定资产原值的比率，根据行业会计制度规定：固定资产净残值按照固定资产原值3%~5%确定，特殊情况，如果净残值率低于3%或高于5%的，由企业自主确定，并报主管财政机关备案，在工程项目的经济分析中，由于折旧年限是根据项目的固定资产经济寿命期来决定的，因此固定资产的残余价值较大，净残值率一般可选择10%。同等功能固定资产的重置价值可以参考购置时的市场价格来确定。修理费用的估算，修理费包括大修理费用和中小修理费用，可按照折旧费的一定百分比计算，百分比可参照建筑行业的经验数据确定。

2）流动资产损失价值C_{d32}。

对于原材料、燃料、辅助材料等流动资产，以实际值减去残值计算；对于成品、半成品、在制品等流动资产，以生产经营单位实际成本减去残值计算。

a. 材料的损失计算

$$C_{d32} = M_q \times M_c \tag{3-4}$$

式中　C_{d32}——材料的损失价值；

M_q——材料的损失数量；

M_c——材料的单位成本。

b. 成品、半成品的损失为：

$$C_{d32} = P_q (P_c - P_r) \tag{3-5}$$

式中　C_{d32}——成品、半成品流动资产的损失价值；

P_q——成品、半成品流动资产的损失数量；

P_c——成品、半成品的生产成本；

P_r——成品、半成品的残值。

3.1.2 间接经济损失要素

(1)生产损失 C_{i1}

1)停工造成的损失 C_{i11}。

因事故造成停工的损失,包括闲置的自置的机械设备的折旧费,闲置的租赁的机械设备的租赁费,因停工而造成原来按照进度计划所配备的施工人员或施工机械设备不能正常施工而产生的建筑工人的停(窝)工费,因停工造成的按原计划进度订购的建筑材料不能正常使用而增加的建筑材料仓库保管费等。内蒙古 2004 版定额对于停窝工损失费的解释说明如下:施工机械停滞费按定额台班单价的 40% 乘以停滞台班数计算;停窝工人员生活补贴按每人每天 15 元乘以停工工日数计算;管理费按人工停窝工费的 20% 计算,连续 7 天之内累计停工小于 8 小时的不计算停窝工损失费。

2)为弥补停工工时而多负担的支出(加班费等) C_{i12}。

为赶工期,而额外增加班组的劳务费,额外租赁设备的租赁费,夜间施工的劳务费翻倍等造成的费用的增加。额外增加的班组和租赁的设备的费用计算方法等同于正常施工时的费用计算方法,夜间施工的劳务费用计算按正常白天施工劳务费用的 2 倍计算。

3)未按期完工的延期赔偿费 C_{i13}。

由于事故导致工地停工而无法完成施工任务所应支付的罚款等费用,按建设单位和施工单位的合同约定执行。

4)新替换的工人能力不足造成的损失 C_{i4}。

新替换建筑工人由于熟练程度、经验或者环境适应等因素导致的生产效率低下而造成的价值损失。

(2)其他有关损失 C_{i2}

1)补充新职工的招聘及培训费用 C_{i21}。

新职工的雇佣费和管理人员或其他工人用于新工人的"三级岗前培训"费用,也包括企业支付给独立培训部门的培训费,一般在建筑企业里培训费用通常是固定的。依据 2008 年中国安全生产科学研究院对《企业职工伤亡事故经济损失统计标准》(GB6721—86)的修订说明可以知道,技术工人的培训费用每人按 5000 元计算;技术人员的培训费用每人按 2 万元计算;补充其他人员的培训费用,视补充人员情况参照上述两条费用酌定。

2)工伤保险以外的赔偿费用 C_{i22}。

《安全生产法》(主席令第 70 号)第 48 条规定:因生产安全事故受到损害的从业人员,除依法享有工伤社会保险外,依照有关民事法律尚有获得赔偿的权利的,有权向本单位提出赔偿要求。此项费用工亡职工家属多通过起诉而获得,企业因此产生的诉讼和赔偿费用。

3)机会损失 C_{i23}。

《生产安全事故报告和调查处理条例》(国务院令第 493 号)第 40 条规定:事故发生单位对事故发生负有责任的,由有关部门依法暂扣或者吊销其有关证照。暂扣或者吊销其有关证照,建筑企业便不具备投标资格,也就没办法承揽工程,处罚期内预计收益的减少部分为其机会损失。

4) 企业声誉损失 C_{i24}。

企业声誉、整体形象是评标委员会评标的重要考虑因素之一,如果企业近期发生过生产安全事故,则企业的声誉就会受损,自然会降低企业中标的可能性。

5) 其他因事故造成而由企业负担的费用 C_{i25}。

上述要素中没有提到的费用,此费用依据实际情况确定,包含的费用可能有:清理环境污染费、新工人造成的过量损耗、事故可能造成的资源损失、技术鉴定费用、对外接待费等。

3.2 隐瞒事故引起经济损失增减要素

因为建筑安全事故的发生类型很多,而不同类型事故造成的损失差别很大,所以难以定量计算出建筑伤亡事故的损失平均值,本节针对建筑企业隐瞒事故对比上报事故引起经济损失增加和减少的要素进行分析,以便清楚地认识建筑企业隐瞒事故的症结所在。

3.2.1 隐瞒事故引起费用增加的要素

(1) 运送受伤害者去医疗处理的交通费用

如实上报事故时,一旦发生建筑安全事故,建筑企业相关负责人应第一时间送受伤害人员到就近的有相应医疗能力的医院进行救治;而如若隐瞒事故,为避免伤亡职工家属来建筑企业所在地争取权益而造成事态扩大化,建筑企业则会在第一时间将受伤害人运送到其他省市县医院救治,大多会选择在相邻省的医院或转移到事发地以外的殡仪馆火化处理,交通等费用就会增加。

(2) 隐瞒事故的事务性费用

处理被伤害从业人员善后的各种事务性费用,包括交通费、差旅费。鉴于以上到外省医院救治的考虑,事故的处理也要从事发当地转到外省进行,其交通费和差旅费必然增加。

(3) 利诱伤亡职工家属隐瞒事故的额外赔偿支付

一般企业会采取恐吓加利诱双管齐下的方法使伤亡职工家属愿意隐瞒事故,虽然多数时候的利诱是建立在工亡职工及其家属对自身利益不清楚而对赔偿额期望值过低的基础上,即利诱的赔偿额虽然大于工亡职工家属的期望值,但是却小于工亡赔偿额理论值。但是也不乏某些企业有足够的财力给予足够大的利诱赔偿额甚至大于正常赔偿的情况,在这种情况下,就造成了事故隐瞒时利诱导致的费用的增加。

(4) 工亡赔偿额

隐瞒事故会致使原本应由工伤保险基金承担的伤亡赔偿额转而要由企业自身承担。依据第3章对工亡赔偿额的理论值的计算和实际赔偿额的统计分析,可以发现这部分的费用增加是很大的。

3.2.2 隐瞒事故引起损失减少的要素

(1) 事故处理的事务性费用

调查处理事故工作期间的聘用费、接待费、咨询服务费等事务性费用。隐瞒事故也就少了地方政府部门的参与,也就减少了这些费用的开支。

(2) 事故罚款费用

隐瞒事故可以避免数额较大的事故罚款,事故处罚力度的相关规定在前面已有介绍。

(3) 工伤保险费

隐瞒事故就会造成企业安全状况良好的假象,所以工伤保险部门会因为企业工伤保险金使用少、安全状况良好,而减低工伤保险费率,相应的工伤保险费就会减低,所以事故隐瞒可以降低这部分的支出。

(4) 机会损失

一旦事故隐瞒成功,建筑企业不会因对事故的发生负有责任而被有关部门依法暂扣或者吊销其有关证照。这样企业也就不会因有关证照被扣留而不具备投标资格,企业就可以多承揽工程,以赚取利润。

假设建筑企业因发生安全事故,上报后被处罚暂扣证件 3 个月,则这 3 个月的可能利润额损失粗略估计如下:

根据《中国统计年鉴 2012》的统计数据,2011 年河南省建筑企业签订合同总额为 83968636 万元,河南建筑企业单位数 2188 个。

则平均每个企业全年签订合同额 = 83968636/2188 = 38376.89 万元/个;

平均每个企业每一个月签订合同额 = 38376.89/12 = 3198.1 万元/月

参照注册为集体类型的建筑企业的利润率 4% 计算,则每个建筑企业 1 个月的利润额估计值 = 3198.1×4% = 127.92 万元。

通过以上粗略估算,发现扣留相关证件 1 个月就可以让建筑企业损失将近 130 万元,规模更大,承揽工程能力更强的建筑企业,其所面临的潜在损失将会更大,可见上报安全事故的机会损失是相对巨大的。

(5) 企业声誉损失

一旦事故隐瞒成功,评标委员会就不会知道建筑企业近期有发生过生产安全事故,也就不会因企业声誉不佳,安全管理不到位而导致建筑企业所投标分数减低。与上报事故相比,隐瞒事故成功可以增加企业中标的可能性,而中标也就意味着利润的获得。

由以上对事故隐瞒引起经济损失增加和减少的要素的分析,可以看到对于建筑企业来说,事故隐瞒可以带来最大的好处就是可以带来证照不被扣留和声誉不被破坏所带来的潜在收益,收益是潜在的,但更是相对巨大的,足以利诱到建筑企业相关负责人铤而走险。

3.3 本章小结

本章对建筑行业安全事故引起的直接和间接经济损失各要素进行了分析,并在此基础上研究了事故隐瞒对比事故上报导致的经济损失增加和减少的要素。通过经济损失增加和减少的要素的对比分析,得出了建筑企业选择安全事故瞒报的最主要原因是机会损失的结论。

第4章 事故瞒报行为的机理分析

4.1 事故瞒报行为的机理分析

根据《生产经营单位瞒报谎报事故行为查处办法》（安监总政法〔2011〕91号）第三条第一款规定：隐瞒已经发生的事故，超过规定时限未向安全监管监察部门和有关部门报告，并经查证属实的，属于瞒报。

隐瞒事故的形式主要有以下几种：
（1）工伤私了，许诺工伤职工及家属额外的赔偿待遇等条件有意隐瞒工伤；
（2）拖报、谎报；
（3）大事化小、小事化了；
（4）多方说情包庇敷衍；
（5）转嫁。

现行法规明确规定：一旦发生安全事故，必须进行事故调查以查找到引起事故发生的各种直接或间接可能原因，然而在我国，安全事故调查与责任追究却是一对孪生兄弟，责任追究成为了事故调查的最终目标。而避免责任追究的最好办法是事故隐瞒。

事故瞒报的危害是潜在的，极其严重的。许多学者和政府管理部门注意到了操作失误、小事故和重大事故之间的关系。例如，按照国际航空领域事故遵循的"海恩法则"，一起重大的飞行安全事故背后有29起事故征兆，每个征兆背后还会有300起事故苗头。由这么一个1∶29∶300的比例关系，不难看出事故瞒报的极大危害性，诸多安全隐患的不查处孕育着小的安全事故，诸多的小事故瞒报更是孕育着大的安全事故。但是在工程实际中，建筑事故各利益相关方又都会出于集体、个人利益或短期政绩或地方保护主义等诸多因素的考虑，选择事故隐瞒不报等不规范行为。

《生产安全事故报告和调查处理条例》（国务院第493号令）第36条规定："事故发生单位及其有关人员谎报或者瞒报事故的，伪造或者故意破坏事故现场的……，对事故发生单位处100万元以上500万元以下的罚款；对主要负责人、直接负责的主管人员和其他直接责任人员处上一年年收入60%至100%的罚款；属于国家工作人员的，并依法给予处分；构成违反治安管理行为的，由公安机关依法给予治安管理处罚；构成犯罪的，依法追究刑事责任"。可知隐瞒工伤事故是一种违法行为，是对行政法规公然的一种挑衅。

隐瞒事故针对每个行业，会使工伤事故的统计数据失真，很难从中找出事故发生的真正规律,更难制定出相应的预防对策。如果隐瞒事故,再对收集到的数据信息进行统计分析,即使找出一些规律,这些规律对工作也失去了指导意义,甚至会产生误导的作用。事故隐瞒对企业来说会引发工伤事故隐患。一般企业会根据上一阶段的生产安全状况制定本阶段的安全工作计划和工作重点,针对事故频发的领域加大资金和人力的投入,而事故隐瞒会导致制定的安全工作计划和工作重点与实际需要相偏离,从而使安全目标难以实现。比如,某企业去年起重伤害或高处坠落事故发生频繁,而这些事故绝大多数隐瞒未报,从而使预防起重伤害或高处坠落事故发生工作从今年本应该的工作重点位置转移到次要或更次要的位置上,重点安全问题得不到有效解决。

事故瞒报会使职工及领导的工作重点和精力从认真调查事故原因转移到如何才能隐瞒事故上。白白浪费了用建筑工人的健康或生命和巨额财产的损失打造的活教材,白白浪费了从事故背后吸取宝贵经验教训的机会。

事故瞒报难以消除事故隐患。对事故没有实行"三不放过"原则,从而使发生事故原因不清,企业领导缺乏安全措施改进的积极性,员工受不到深刻教育,防范措施不能得到有效完善,生产中隐患或危险因素仍然存在,类似事故很可能再次发生。

隐瞒事故会使安全工作得不到应有的重视,以及淡化安全员的作用。出了事故,可以隐瞒不报,便会在领导的认识里降低安全工作的地位,从而减少安全投资,安全措施没有保障。安全工作不重视,安全员自然也没有地位,从而使安全工作很难开展,上级安全工作政令难于贯彻到班组。

一旦发生安全事故,报告其实只是目的之一,报告背后还有一个更重要的目的,那就是事故发生以后应该要启动这种紧急救援的预案去保证那些尚有可能被挽救的生命,去挽回那些尚有可能挽回的财产损失。隐瞒事故就会错过事故的最佳处置时机,导致事态扩大,影响到群众的生命财产安全。同样严重的是,一些事件还可能因为瞒报、迟报而使调查取证更加困难,使受害群众的利益得不到保障,正义难以伸张,影响社会和谐稳定。

事故隐瞒的最终结果必然危害到企业甚至整个行业的长远发展。瞒报事故问题之所以难以解决,主要是瞒报者形成了"利益共同体"。

4.2 伤亡家属事故隐瞒行为分析

4.2.1 伤亡家属事故隐瞒的原因

伤亡职工及其家属作为建筑安全事故的直接受害者,他们是出于什么缘由不愿意把自己或家人所遭受到的伤害说出来,为自己讨一个公道或是说法呢?在这里首先就伤亡职工或家属事故隐瞒的可能原因总结如下:

(1)事故隐瞒一个最主要的原因是很多建筑企业没有为处于一线工作的建筑工人购买工伤保险。因为没有参加工伤保险,一旦发生工伤事故,处于弱势的农民工面对的索赔对象是建筑用人单位或私人企业,要想顺利从建筑企业拿到赔偿就必须答应其隐瞒事故的要求。

(2)工伤维权的程序复杂以及成本高使得伤亡家属宁可放弃自己的一部分权利来私了和解。从确认劳动关系开始,申请工伤(亡)认定,职业病诊断、鉴定,劳动能力鉴定,最后到工伤待遇索赔的劳动仲裁、民事诉讼,还有可能发生的因工伤认定引发的行政复议或行政诉讼程序等,根据现行法律规定,工伤维权要全部走完申请工伤认定、劳动能力鉴定和工伤待遇索赔三个程序,一般案件大概需要3年9个月左右,最长的可达6年7个月左右,这些程序既耗时又耗钱,所以,从某种意义上来说,工伤维权对建筑工人来说是奢侈品,可望而不可及。

(3)工亡家属自身法律意识淡薄。大部分建筑工人是农民工,来自农村,接受教育少,对工伤保险制度了解不够,普遍没有强烈的维权意识和法律意识,发生工伤或工亡事故后根本就没有要通过法律途径解决的想法,当然也不知道工伤保险的经办部门,更不知道自己的伤亡情况应该得到多少赔偿金。广大建筑工人的普遍做法是:依据身边发生的或者是听说的伤亡情况类似的职工所获得的赔偿额,来确定对建筑企业提供给自己的赔偿额的满意度,作为弱势群体的建筑工人及家属此时关注的不再是自己应该得到多少赔偿额,而是只要自己得到的赔偿额不比别人的少,甚至比别人的多更好,并没有主动上报事故信息的意识。对瞒报事故可能造成的严重后果认识不清,因此在不知不觉的情况下扮演了事故瞒报的帮凶的角色。另外,建筑工人也往往心存"官官相护,官商一家"的思想,对执法的公正性表示怀疑,不太相信职能部门,所以最终选择"私了",进而达到建筑企业所期盼的隐瞒事故的目的。

(4)伤亡家属受利益驱使。在事故隐瞒达成一致的过程中,事故单位往往会承诺给伤亡家属高出正常赔偿额的承诺。伤亡事实既然已经如此,也没办法改变,出于自身利益的考虑,隐瞒事故可以获得额外的赔偿额,从而形成了"民不举,官不究"的局面。利益的驱使是伤亡家属隐瞒事故的最直接原因。

(5)忽视了建筑工人工伤工亡所应发挥的正面意义。伤亡建筑工人用健康和生命换来的不应该仅仅是金钱上的赔偿,更主要的是通过这些安全事故加大国家对建筑安全的重视程度,另一方面也迫使建筑企业加大安全投入,完善安全措施。以个人的健康或生命换取在同样岗位上的建筑工人的生命安全,这才是工伤所应当发挥的正面积极意义。只有事故情况得以如实上报,制度、政策的制定才会向建筑工人的安全保障上倾斜,建筑工人的生命安全才更有保障。所有的人都需要一个真相,特别是那些离去的人,工伤人员及家属没有意识到工伤、工亡的价值是事故隐瞒内在的深层次原因。

4.2.2 伤亡家属事故隐瞒行为决策树分析

在伤亡家属事故隐瞒行为分析时,因为考虑因素相对单一,采用决策树路径选择的方法。

在工程建设安全事故中,在建筑企业有意隐瞒事故的情况下,伤亡家属的选择只有两种可能,一是和建筑企业达成一致意见,选择瞒报;二没能和建筑企业达成一致意见,选择如实上报事故。

首先,依据现实的制度情况建立图4-1事故隐瞒行为决策树1:

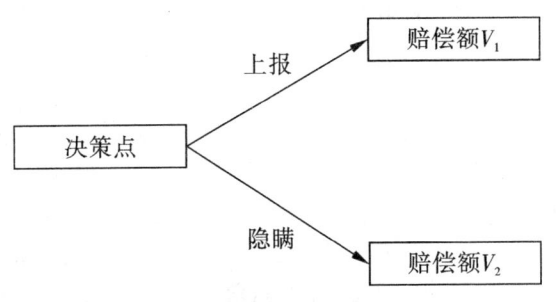

图 4-1 事故隐瞒行为决策树 1

一般情况下,鉴于伤亡家属对相关法律法规了解甚少,认识不到事故隐瞒的极大危害性,对《工伤保险条例》不了解或是了解不深入,对自己应得的赔偿额没有清楚的认识,处在他们的位置,以他们的角度来看待赔偿问题,事故隐瞒的赔偿额 V_2 往往是大于 V_1 的,这时出于自身利益的考虑,伤亡家属必然选择瞒报。

由于利益的趋势,伤亡家属偏向于隐瞒是必然的,是合理的。然后,引入怎样的制度才有可能改变伤亡职工家属原本绝对隐瞒的选择? 考虑在原本简单的决策树的基础上引入一个隐瞒事故被揭发后对伤亡家属的不合理所得的没收及适度的罚款 V_3 和对伤亡家属积极上报事故的一个奖励值 V_4,以此来规范伤亡职工家属的行为,建立图 4-2 事故隐瞒行为决策树 2。

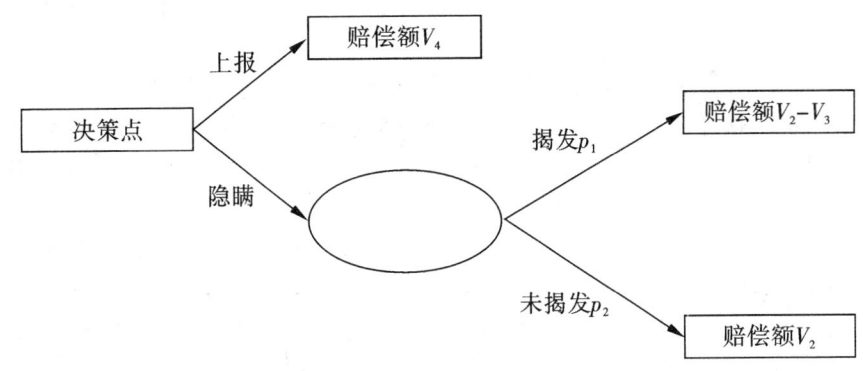

图 4-2 事故隐瞒行为决策树 2

上报事故路径期望赔偿额:
$$E_{上}(V) = V_1 + V_4 \tag{4-1}$$

隐瞒事故路径期望赔偿额:
$$E_{瞒}(V) = p_1(V_2 - V_3) + p_2 V_2 \tag{4-2}$$

根据决策树判断准则,路径期望费用的比较结果为路径选择依据。图 4-2 所示决策树的情况如下:

当 $E_{上}(V) > E_{瞒}(V)$ 时,优先选择路径 1,即上报路径;

当 $E_{上}(V) < E_{瞒}(V)$ 时,优先选择路径 2,即隐瞒路径。

根据上述判断准则,作如下计算:

$$E_{\text{上}}(V) - E_{\text{瞒}}(V) = V_1 + V_4 - [p_1(V_2 - V_3) + p_2 V_2] = V_1 + V_4 + p_1 V_3 - V_2 \quad (4\text{-}3)$$

那么,可以推论如下:

当 $p_1 V_3 + V_4 > V_2 - V_1$ 时,伤亡家属优先选择路径1,即事故上报行为;

当 $p_1 V_3 + V_4 < V_2 - V_1$ 时,伤亡家属优先选择路径2,即事故隐瞒行为。

对伤亡职工家属事故隐瞒行为进行决策树分析的目的,是找到让其自愿选择如实上报事故的办法,而通过以上的不等式就可以找到相对应的办法,即增大 $p_1 V_3 + V_4$,使其大于建筑企业提供给伤亡职工事故隐瞒的额外赔偿($V_2 - V_1$),而($V_2 - V_1$)针对每个建筑企业其愿意支付的额外赔偿额相对稳定,所以便设定其相对固定,为了保证使 $p_1 V_3 + V_4 > V_2 - V_1$ 成立,可相应采取的措施是:

(1)适当设置事故被揭发后,对事故隐瞒的伤亡家属的处罚 V_3。

因为毕竟是受伤害家庭,需要的是救助,对其处罚不是目的,主要是发挥一定的督促和惩戒作用,所以 V_3 值的设置不宜过大。

(2)增大对工亡职工家属积极上报安全事故的奖励值 V_4,一方面以利益为动力驱使工亡职工家属积极上报安全事故;另一方面,增大奖励值 V_4,也就造成建筑企业事故隐瞒成本的增加,在一定程度上迫使建筑企业上报安全事故。

(3)提高事故隐瞒被揭发的概率 p_1。

一方面需要充分发挥地方政府安全监管部门的作用,采取激励措施督促其在自己的安监工作岗位上尽职尽责,将工作做到实处。另一方面,也要扩宽信息举报渠道,充分发挥广大人民群众的作用,尤其在目前这样一个信息社会里,网络给事故揭发及事故信息举报提供了广阔的平台。

在建筑安全事故中,伤亡职工家属本是受伤害的群体,并且在申请伤亡赔偿时也处于弱势地位,提出这样的做法似乎是有些不近人情,但是伤亡职工家属作为事故的直接关系人,事故隐瞒的利益相关者之一,有义务对安全管理中存在问题的改善做出其贡献。

同时,针对伤亡职工家属想当然认为的"事故隐瞒的赔偿额 V_2 往往是大于 V_1 的"认识误区,有必要从根本上解决伤亡职工家属的思想认识问题,其根本问题还是其不了解其应该获得的赔偿额究竟是多少,《工伤保险条例》中各条款是有明确规定的,但是都是死板的条文规定,对于受教育水平较低的建筑工人来说,缺乏实用行、直观性。

在第3章中,针对目前普通家庭结构,详细估算了涉及供养亲属抚恤金及资金时间价值因素的工亡赔偿额,结合搜集到的数量有限的案例赔偿情况可知,实际工亡赔偿额往往小于考虑抚恤金调整和资金时间价值情况下动态调整理论工亡赔偿额,而动态调整理论工亡赔偿值才是伤亡职工及其家属所应享有的工亡待遇。

4.3 建筑企业与地方政府事故隐瞒行为分析

4.3.1 建筑企业事故隐瞒的原因

通过第1章对建筑安全事故报告制度的分析,以及安全事故信息报告流程图的绘制,可以了解到事故信息能否如实上报,最重要的就是单位负责人到县级安全生产监督部门这一流程阶段。其中单位负责人的作用最为重要,是一个关键环节。建筑企业之所以隐瞒不报,企图私了,不仅是因为法律意识淡薄,而且与安全生产事故指标有关。生产事故指标与企业负责人奖惩挂钩,企业把伤亡事故控制考核指标层层分解,甚至出现"生死合同"。事故真相一旦曝光,意味着企业各级负责人面临惩罚。为了逃脱惩罚,多采取瞒报、私了。而且,企业发生的伤亡事故曝光后,还面临着停业整顿甚至吊销资质等处罚,对于追求利润最大化的企业而言,自然不愿意利益受损。

鉴于以上各因素的考虑,单位负责人利用建筑企业与监管部门之间的信息不对称,自动生成"信息过滤机制",对监管单位"报喜不报忧",极力掩盖和隐瞒安全事故,并破坏事故现场,消除有关证据,对相关人员实施金钱、感情等多方面的攻势,力争在项目内部把事故私了,而不按照有关法律规定,如实、迅速地上报事故信息。

4.3.2 地方政府事故隐瞒的原因

地方政府隐瞒不报,不外乎以下四个原因:
(1)包庇问题企业;
(2)遮蔽自己失职;
(3)为了地方 GDP;
(4)掩饰背后腐败。

地方政府在事故隐瞒控制事件中扮演着双重角色。一方面,地方政府应贯彻实施中央政府制定的政策,协助中央政府共同行使好行业管理者的作用。另一方面,地方政府不仅可以通过建筑企业为当地提供更多的就业机会,还可以获得税收收益。而地方政府在双重角色的权衡过程中,往往就会为本地企业提供政策保护,选择与建筑企业站在统一战线达成事故隐瞒的共识,这也就很大程度上增加了事故隐瞒的监管成本。

在发生责任事故时,"瞒报"成了某些事故发生地的地方政府以及负有监管责任的相关部门不约而同的习惯性选择。不言而喻,"瞒报"隐瞒了事故真相,蒙蔽了国家,剥夺了公众知情权,极大地损害到了国家的利益、伤亡职工家属的权益。但"瞒报"屡见不鲜、屡禁不止,这其中的原委是什么呢?

各级安全生产监督部门等地方政府相关部门也是事故信息传导流程上不可或缺的环节,他们也会因为"私心"而瞒报事故信息。例如,某些地区把安全生产事故的发生率当作管理部门工作表现的硬性指标,不仅关系到部门领导的政治前途,甚至也与管理人员的工资待遇挂钩。尤其是在发生重大安全事故时,接踵而至的严格的"拉网式"整顿措施会使地方政府产生心理恐惧:因如实上报事故而不得不承担的巨大成本,不仅直接影响到当地一个时期内的经济增长,更会给当地的政府形象带来负面影响,而如实上报事故最终带来的这一切负效应都和这一届领导班子的政绩考核直接相关。在强大的压力之下,"瞒报"成了一种"保一方经济"的政策选择,这一政策选择恰好与谋私利的建筑企业的瞒报选择不谋而合,成为没有契约的同盟军。

4.3.3　建筑企业与地方政府事故隐瞒行为博弈分析

博弈论,亦名"对策论""赛局理论",被定义为"使对智能的理性决策者之间冲突与合作的数学模型的研究""是一种思维和分析方法"。博弈论是通过研究定量模型和假设例子来理解理性决策者之间的冲突和合作,例子在很多方面进行了简化,但是这种简化能更容易看出冲突和合作的一些基本问题。

博弈论为解决不同实体的冲突和合作提供了一个宝贵的方法。为了对博弈问题进行数学上的分析,必须首先建立博弈问题的数学模型,称为博弈模型。不论博弈模型在形式上有所不同,但都必须包括3个基本要素:参与人、策略集合、收益函数(或支付函数)。

博弈分析工具能强化分析现实问题,因为制度的建立和完善往往是通过社会各阶层、各利益群体、各经济活动主体共同参与的博弈逐步确立的。

吴朝阳通过建立无干预的纯市场机制下两个建筑施工企业之间安全投资决策博弈模型,建筑施工企业是没有积极性和能动性进行安全投入的。通过建立在政府部门监管下建筑施工企业安全投资决策静态和动态博弈模型,得出影响建筑施工企业的安全投资决策的重要因素。提出以法律、经济和行政手段来规范企业安全投资违规行为,以及用奖励激励的作用,社会舆论的监督和企业安全文化来引导企业安全投资行为。

王艳建立项目责任者和建设行政主管部门之间的完全信息下的监督博弈和有效监督博弈模型,不完全信息下监督博弈模型,加大对项目责任者的处罚力度、加大建设行政主管部门的有效监督率;完全信息下防合谋博弈和不完全信息下防合谋博弈模型,提出了对各项目责任者的如实上报行为进行奖励政策的建议。

应玲丽运用完全信息博弈和不完全信息博弈两种模型分析安全生产主管部门检查与否和企业安全生产条件保持与否之间的博弈关系设计了安全生产条件动态监管模式,建议了监督检查的内容与方式以及监督检查过程控制策略。

杨高升从建筑安全伦理角度出发,构建建筑企业与安全监察机构的利益和道德博弈模型,提出制度创新和构建安全伦理道德观的建议。

程敏建立监管部门监管与否和建筑企业执行安全规程与否的博弈模型,继而建立建筑安全监管的SD博弈模型,尝试运用演化博弈论和系统动力学方法分析建筑安全监管问题,提出对建筑企业建立动态惩罚政策的建议。

肖兴志分别建立了市场进入阶段政府规制与否和建筑企业合格与否的博弈模型和施工阶段政府规制与否和建筑企业达标与否的博弈模型,建筑企业间关于安全达标与否的博弈模型,建筑企业安全达标与否和建筑工人离开与否之间的博弈模型,提出完善监督机制,加大监督力度,加强工会组织建设、完善信息公开制度的建议。

董芳建立了安监部门检查与否和建筑企业进行安全文化建设与否的博弈模型,政府安监部门加大对企业不进行安全文化建设的处罚力度并不是最优策略,鼓励并帮助企业进行安全文化建设才是最优选择。

以上的关于建筑安全管理领域的博弈模型的应用有以下两大特点:①博弈分析多数是通过求解混合策略下的纳什均衡,以一个求得的复杂的式子来表示各参与人选择某个策略的概率,继而根据概率随各影响因素变量的变化情况来分析参与人的策略选择的倾向性或概率大小。所以说以上研究的重点是对参与人选择某一个策略的概率大小的影响因素的分析。②以上文献的博弈模型求解的过程都很复杂,晦涩难懂,必须对博弈论有相当的了解才能够看得明白。但是,各行其责,按规矩办事才是目的所在,也是中央政府制定政策的初衷,所以建筑企业发生安全事故就必须按照相关规定及时上报,作为建设主管部门或是安监部门的工作人员必须监管,为了减少监管成本而不监管或试图通过制定措施减小监管的概率是不可取的,监管是必须的,至于要达到减少监管成本的目的,可以通过健全监督机构、提高监管效率、突出监管的实效性来达到。所以本文的研究过程打破以往博弈论分析中求解混合策略下的纳什均衡的这一必经之路,研究的重点也不再是影响参与人选择某策略的概率的因素分析,而是在博弈分析的过程中利用博弈论中最优策略的下划线法的逆向思维方法通过增加或减少相应的参数(即进行相应的制度安排)来实现地方政府和建筑企业概率为1的选择(监督,事故上报)这一策略组合。

建筑企业与地方政府事故隐瞒行为博弈分析的模型构建:博弈的参与人为地方政府和建筑企业;地方政府的策略集为(监督,不监督);建筑企业的策略集为(事故上报,事故隐瞒)。

理想的状态是事故发生后,建筑企业能够积极上报事故,同时,作为地方政府安监部门工作人员,也希望他们能够坚守自己的岗位职责,对建筑企业实施有效监督,那怎样才能够使得建筑企业和地方政府选择(事故上报,监督),即让(事故上报,监督)成为唯一的最优策略? 在这一节利用博弈论里最优策略下划线法的逆向思维方式来分析下通过什么办法可以让(事故上报,监督)成为二者事故隐瞒行为分析中的唯一最优策略。

先以字母符号(各指标数值均大于0,表示为收益)代替不同纯策略组合的收益情况,a 代表在建筑企业选择事故上报时政府选择监督时的收益,同理,b-h 代表双方做出不同策略组合时其中一个参与方的收益值,组成表4-1中所示纯策略收益矩阵:

表4-1 地方政府和建筑企业事故隐瞒最优博弈策略模型(1)

		参与人2(建筑企业)	
		事故上报	事故隐瞒
参与人1 (地方政府)	监督	$\underline{a},\underline{b}$	$\underline{c},d$
	不监督	e,f	g,h

接下来,就要运用这个最优策略下划线法的逆向思路,看看需要满足什么样的条件,可以让所期望的(监督,事故上报)这一策略组合成为地方政府和建筑企业事故隐瞒行为博弈的唯一最优策略。

倘若（监督，事故上报）为最优策略成立，则当地方政府选择监督时，建筑企业会选择事故上报，这也就预示着 $b>d$ 恒成立；当建筑企业选择事故上报时，地方政府会选择监督，这也就预示着 $a>e$ 恒成立。

当地方政府选择不监督时，当 $f>h$ 时，在地方政府不监督而建筑企业事故上报的支付 f 下画一条横线；当建筑企业选择事故隐瞒时，当 $c>g$ 时，在建筑企业事故隐瞒而地方政府监督的支付 c 下画一条横线。

可以发现在以上 $b>d$ 和 $a>e$ 恒成立的情况下，当同时满足 $f>h$ 和 $c>g$ 时，有两条横线同时出现在地方政府（监督）和建筑企业（事故上报）的区域内，表明在这种假设条件下（监督，事故上报）这一策略组合确是地方政府和建筑企业博弈的唯一最优策略。

参照以上方法，通过分析可以发现，在 $b>d$ 和 $a>e$ 恒成立的基础上，当同时满足 $f>h$ 和 $c<g$，或同时满足 $f<h$ 和 $c>g$，或同时满足 $f<h$ 和 $c<g$ 和前面分析过的同时满足 $f>h$ 和 $c>g$ 的结果一样，均能保证（监督，事故上报）这一策略组合是地方政府和建筑企业博弈的唯一最优策略。

在 $b>d$ 和 $a>e$ 恒成立的基础上，唯独当同时满足 $f<h$ 和 $c<g$ 时，剩余的两条横线会同时出现在（不监督，事故隐瞒）这一区域，也就预示着在此种假设条件下，地方政府和建筑企业事故隐瞒行为博弈存在两个最优策略。为避免这种情况的发生，保证（监督，事故隐瞒）最优策略的唯一性，要保证 $f<h$ 和 $c<g$ 不能同时成立。

总结以上分析结果，为了保证所期望的（监督，事故上报）这一策略组合成为地方政府和建筑企业事故隐瞒行为博弈的唯一最优策略，需要满足以下几个条件：

1) $b>d$ 恒成立；
2) $a>e$ 恒成立；
3) $f<h$ 和 $c<g$ 不同时成立。

有了以上的分析结论，再来具体研究现实制度下，地方政府和建筑企业对应不同纯策略的收益矩阵。

理论假设：

假设只要建筑企业选择隐瞒事故，政府就会遭受损失；只要地方政府监督，建筑企业的隐瞒事故行为就一定会被发现。

假设条件：

1) 假定地方政府的监督成本为 e；
2) 假设建筑企业上报事故，按法律规定应处罚的罚金为 m，如若瞒报事故，被地方政府部门监督查出后，会有更严重的惩罚 $m(1+\theta)$，θ 为处罚系数；
3) 假定不管地方政府是否监督，建筑事故隐瞒的情况下，建筑企业得到的收益为 w；
4) 假定建筑企业隐瞒事故，而地方政府选择不监督时，地方政府遭受的损失为 s；
5) 各项指标值均大于 0。

根据以上假设，建立表 4-2 中所示纯策略收益矩阵：

表 4-2　地方政府和建筑企业事故隐瞒最优博弈策略模型(2)

		参与人 2（建筑企业）	
		事故上报	事故隐瞒
参与人 1 （地方政府）	监督	$-e+m, -m$	$-e+m(1+\theta), w-m(1+\theta)$
	不监督	$m, -m$	$-s, w$

模型分析

结合以上的分析结论，为了保证所期望的（监督，事故上报）这一策略组合成为地方政府和建筑企业行为博弈的唯一最优策略，需要满足以下几个条件：

1) $a>e$ 恒成立；
2) $b>d$ 恒成立；
3) $f<h$ 和 $c<g$ 不同时成立，也即当 $f<h$ 时，要满足 $c>g$；当 $c<g$ 时，要满足 $f>h$。

条件 1 恒成立分析：

满足第一个条件恒成立，也即

$$-e + m > m \tag{4-4}$$

恒成立，根据假设条件中第 5 条"各项指标值均>0"，显然以上不等式是恒不成立的。这也同时为制度完善指明了方向：即通过什么样的方式或是在不等式的两边添加指标来实现调整后的不等式恒成立。

倘若在不等式的左边加上一个 p，且满足 $p>e$，此时上式就调整为

$$p - e + m > m \tag{4-5}$$

恒成立。

那这个 p 要如何定义与解释呢？上文仅在上式的左边（即地方政府部门实施监督）加上了一个 p，而右边（即地方政府部门不实施监督）并没有加，这样 p 也就可以定义为对地方政府部门实施监督的奖励。

同样的，也可以在以上调整方法上进行变通，对实施监督的地方政府部门给予奖励 p_1，同时对不实施监督的地方政府部门给予惩戒 $-p_2$，且满足 $p_1+p_2>e$。同样可以保证条件 1 恒成立。

通过对条件 1 恒成立的分析，发现要使条件 1 恒成立，可以采取奖励措施，要对实施监督的地方政府部门给予奖励 p，且满足 $p>e$，即奖励值要大于监督成本；或采取奖罚并举的措施，对实施监督的地方政府部门给予奖励 p_1，同时对不实施监督的地方政府部门给予惩戒 $-p_2$，且满足 $p_1+p_2>e$。

条件 2 恒成立分析：

满足条件 2 恒成立，也即满足

$$-m > w - m(1+\theta) \tag{4-6}$$

恒成立，也即

$$\theta m > w \tag{4-7}$$

恒成立。

使上式恒成立对应的办法：

1) 只要使得 w 为负值，即 $w<0$（这与前面提到的假设条件5并不矛盾，只是说明可以通过制度完善，使得建筑企业选择瞒报无利可图，收益为负），此时 θ 和 m 甚至可以减小到无限小，只要是正值。这种情况可以解释为建筑企业选择事故瞒报的成本超出了其事故隐瞒所能带来的收益，既然选择事故隐瞒无利可图也就自然会选择如实上报事故，也就达到了目的。

但是，如何使得 $w<0$ 呢？只要提高建筑企业事故隐瞒的成本到一定程度就能够实现。一旦发生建筑安全事故，想要事故隐瞒成功，需要打通多方面关系，每一个环节都至关重要，比如说事故现场人的"封口费"、对应医院急救记录、甚至警察出警记录，火葬场的死亡证明等等各个环节所要接触到的人很多，所以只要加强对全社会人员的法制教育，增强人们的法制观念，坚守自己的岗位职责，对涉及事故隐瞒每个环节的相关人都不轻易放过，对其追究相关责任，让大家明白协助建筑企业达成事故隐瞒对自身利益的损害，和自己要承担的责任。即使有人愿意铤而走险，但是风险越大，与之对应的人们所期望的收益就越大，建筑企业要达成事故隐瞒目的要付出的成本就越大，当成本达到超出隐瞒带来的收益时，建筑企业自然不会再选择隐瞒事故。这种情况下，建筑企业会自觉选择上报，关于罚金和事故隐瞒处罚系数的设置自然也就没有实际用处，所以可以无限小。

当然以上这种情况的出现需要建立在整个社会法制观念整体提升的基础上，需要一个良好的社会大环境，而良好的社会大环境不是一朝一夕就可以实现的，所以这种情况虽然在理论上分析是行得通的，但是还是过于理想化，在实际安全管理中很难真正做到。

2) 在事故隐瞒成功还是有利可图的现实背景下（即 $w>0$），即使不能使 $w<0$，但只要使 w 尽可能地减小，而让 θ_m 尽可能地增大，也是可以保障上式成立的。

使 w 尽可能减小的分析等同于使 $w<0$ 时的分析，还是事故隐瞒相关涉事人的法制观念的提升以及相应法律责任人的承担。

使 θ_m 尽可能地增大，可以考虑：

①将 θ 和 m 同时大幅度增大；
②将 θ 大幅度增大，m 适当幅度调整（增大或减小）；
③将 θ 适当幅度调整，m 大幅度增大。

针对 m 的涨幅，如果大幅度增大的话，会给建筑企业造成巨大压力，面对难于承受甚至无力承受的罚金，建筑企业如若上报，则会因罚金而导致企业破产；如若隐瞒事故，则还有隐瞒成功，避免巨额罚款从而保存企业的可能性，所以这种情况下，理智的建筑企业往往会倾向于隐瞒事故。出于这一主要因素的考虑，可将 m 依据事故发生前、事故发生时及事故发生后的紧急救援中的"有作为""无作为"表现适当幅度减小或增大。同时，为使 θ_m 尽可能得增大，就需要让 θ 大幅度增大，所以最合理的调整办法是②。

条件3恒成立分析：

满足条件3恒成立，也即当 $-m<w$ 时，满足 $p-e+m(1+\theta)-s$（在这里假设政府已采取了使条件1恒成立的制度调整措施，即对实施监督的地方政府给予奖励 p，故而建筑企业隐瞒时，地方政府选择实施监督的收益为 $p-e+m(1+\theta)$）。同样根据假设条件5，知 $-m<w$

恒成立;因为 $p-e>0, m(1+\theta)>0$,所以 $p-e+m(1+\theta)>0>-s$ 也同样恒成立。

通过对条件3恒成立的分析,发现使条件3恒成立的条件和条件1恒成立的分析结果一致,采取奖励措施,要对实施监督的地方政府部门给予奖励 p,且满足 $p>e$。

总结以上对3个条件成立的分析,得出以下建议：

1) 对实施监督的地方政府部门给予奖励；
2) 提升事故隐瞒相关涉事人的法制观念,以增加建筑企业事故隐瞒成本；
3) 大幅度加大事故隐瞒处罚额,事故罚金可适当调整（增大或减小）。

4.4 本章小结

本章主要针对事故隐瞒的三大主体：伤亡职工及家属、建筑企业、地方政府的事故隐瞒行为进行分析。通过对伤亡职工及其家属的事故隐瞒行为的研究,发现"事故隐瞒的赔偿额大于事故上报的赔偿额"是其选择事故隐瞒的主要原因。此外,通过运用决策树路径选择的方法对其行为的分析,得出可以通过给予上报安全事故家属奖励值、隐瞒事故家属处罚值及提高事故隐瞒被揭发的概率来避免事故隐瞒的发生的结论。通过利用博弈论中最优策略下划线法的逆向思维的方法对地方政府和建筑企业事故隐瞒行为进行分析研究,得出可以通过完善地方安监部门的奖励制度、提高事故隐瞒涉事人的法制观念和适当降低事故处罚力度的同时提高对事故隐瞒的处罚来遏制事故隐瞒发生的结论。

第5章 结 论

5.1 研究结论及建议

本文在总结建筑行业安全管理现状的基础上,结合国内外安全管理领域的研究现状,引出了"事故隐瞒"这个课题的研究意义和价值。通过理论赔偿额与实际赔偿额的对比分析,建筑企业事故隐瞒引起的损失增加和减少的要素分析,以及事故隐瞒三大主体(伤亡职工及家属、建筑企业和地方政府)事故隐瞒行为分析,得出如下结论:

1) 通过理论赔偿额与实际赔偿额的对比分析,发现实际工亡赔偿额往往小于考虑抚恤金调整和资金时间价值情况下动态调整理论工亡赔偿额,从而论证了伤亡职工及其家属潜意识里的"事故隐瞒的赔偿额大于事故上报的赔偿额"是误区。

2) 因为建筑安全事故类型的多样性,破坏程度不一,故建筑安全事故造成的经济损失很难定量计算,所以本文通过对事故隐瞒引起经济损失增加和减少的要素的分析,发现建筑企业不选择事故上报的主要原因是机会损失的巨大,一旦上报事故,证照则会被扣留、声誉遭受破坏,证照和声誉可以带来的巨大潜在收益也就荡然无存。

3) 通过对伤亡职工及其家属的事故隐瞒行为的研究,发现"事故隐瞒的赔偿额大于事故上报的赔偿额"是其选择事故隐瞒的主要原因。此外,通过运用决策树路径选择的方法对其行为的分析,得出可以通过给予上报安全事故家属奖励值、隐瞒事故家属处罚值及提高事故隐瞒被揭发的概率来避免事故隐瞒的发生的结论。

4) 通过利用博弈论中最优策略下划线法的逆向思维的方法对地方政府和建筑企业事故隐瞒行为进行分析,得出可以通过完善地方安监部门的奖励制度、提高事故隐瞒涉事人的法制观念和适当降低事故处罚力度的同时提高对事故隐瞒的处罚来遏制事故隐瞒发生的结论。

根据本文工亡理论赔偿额与实际赔偿额的对比分析结论,隐瞒事故引起的企业损失增加和减少要素的分析结果,伤亡职工及家属事故隐瞒行为的决策树路径选择分析成果以及建筑企业与地方政府事故隐瞒行为最优策略选择分析结论,对建筑业安全生产管理提出如下建议:

1) 建立工伤赔偿额自动计算系统。建议工伤保险相关行政部门可以建立一个系统,一个符合建筑工人能力水平的简单的操作系统,类似于网上比较流行的测试题式的,只需建筑工人或其家属将自身实际情况逐个输入,在个人家庭情况的相关信息录入完毕后,系统可以自动计算出一个合理的赔偿额以提供给伤亡职工或家属参考。这个系统一旦建立成功,就可以省去许多建筑工人不愿意或无力承担的律师咨询费等。而且有了这个赔偿额数字作为参考,可以很大程度上激发伤亡职工及其家属的维权意识,同时也可以更大程度上解决事故隐瞒不报这一难题。从而更有效地打破伤亡职工家属"事故隐瞒的赔偿额大于事故上报所应得的赔偿额"的认识误区。打破《工伤保险条例》条文规定的咬文嚼字属性,使伤亡职工家属可以更直观得获知自己应得赔偿,从而更有目的性地维护自己的合法权益。迫使相关人员真正做到有法必依,依法办事。

2)建立建筑企业事故损失清单计价模式。为便于企业清楚地了解发生一起事故的实际经济损失,建议可以参照建筑工程造价中工程量清单计价模式来逐项计算其损失,避免遗项或漏项,造成企业的决策错误。建筑工程造价中工程量清单计价需要以建筑工程预算定额为计算依据。参照建筑工程预算定额,可以将所涉及医疗、应急、事务性费用等多方面的相关规定整理成册,制定出类似于建筑工程预算定额的手册。通过建立建筑企业事故损失清单计价模式可以更加快速及相对准确地估计事故上报损失和事故瞒报损失,更利于建筑企业做出正确的选择。

3)建立工伤保险的准入制度。即凡是发现有未为建筑工人购买工伤保险的情况就吊销或暂扣其相关证件。在目前阶段的建筑行业,为生产在一线的建筑工人购买工伤保险的还在少数,这在很大程度上造成了工亡职工家属的维权之路严重受阻,作为弱势群体的一线建筑工人迫于求助无门无奈只能选择"私了",鉴于这种情况的普遍存在,建议相关部门要严抓工伤保险制度的普及力度。可以借鉴一旦发生安全事故即吊销和扣留相关证件的做法,一旦发生安全事故,查明建筑企业没有为伤亡职工购买保险的即吊销和扣留相关证件,这样做建筑企业就会顾及企业的潜在利益而主动为建筑工人购买工伤保险,有了工伤保险的保障,建筑工人的维权之路就会畅通,事故上报的概率就会更高。

4)加强对伤亡职工及家属行为的规范。伤亡职工家属作为伤亡事故的直接利益关系人,有义务和权力对建筑伤亡事故进行上报。故而可以通过设置一个适度的惩罚额度来惩戒故意隐瞒事故的伤亡职工家属,以起到警戒和督促伤亡职工及其家属积极上报事故的作用。

5)扩宽揭发事故隐瞒的渠道。建立事故举报制度、设置事故举报箱,也可以在网络上建立一个事故举报的平台,建设行政主管部门和其他有关部门应当及时受理对建设工程生产安全事故及安全事故隐患的检举、控告和投诉。经查实隐瞒工伤为事实,则对举报者给予一定精神或物质奖励,并对举报者的身份信息给予保密,以增加群众举报的积极性。对安全事故的瞒报事件,一经查实,应严惩不贷。通过严惩起到杀一儆百的作用,制止事故瞒报的再次发生。

6)建立建筑安全事故处罚情况以及事故隐瞒情况公开制度。一方面接受社会舆论的监督,让人们来评判处罚的公正性及合理性;另一方面也给建筑安全事故各利益相关方以警戒。

7)进一步完善安全监管部门的绩效考核制度。安监部门和建设行政管理部门应提高对企业安全生产监管的频率和强度。激励安全监管人员在实际工作经验中总结出可操作性强的"监管程序",提高安全监督效能,使建筑安全生产监管走向低成本、高效率的道路。对实施监督和总结出有效监督建议的地方安监部门和建设行政管理部门给予奖励，以促进监管部门实施有效监督的积极性。

8）提高建筑行业从业人员素质。提高人员素质要从以下四方面入手：一是提高地方政府安监部门工作人员的素质，明白事故上报的重要意义，从而杜绝为保地方短期政绩而协助企业隐瞒事故的情况发生；二是提高建筑企业领导的素质，把一线建筑工人的生命安全和身心健康放在第一位，从而杜绝为保护企业声誉和工作业绩，在事故发生后千方百计地隐瞒事故的行为；三是提高员工的素质，尤其是在生产一线直接从事劳动的职工素质，定期进行安全教育培训，提升建筑工人的法律常识，增强其运用安全法律法规有效地保护自己的能力，避免其在威胁或蒙骗的情况下成为事故瞒报的直接受害者及帮凶；四是提高事故隐瞒可能涉及的所有相关人员的素质，包括事发现场人员、急救医务人员、警务人员和火葬场工作人员等，加强其对自己工作职责的认识，坚守职责，按规定办事。

9）适当降低安全事故处罚力度。按照一般的经济规律，当法律的门槛被筑高时，逐利的欲望会驱使人本能地以各种手段绕过大门和高墙，寻找法律、制度、体制和监管的漏洞，以达到降低成本的目的。所以对安全事故惩罚标准的提高，有可能致使掩盖事故真相、隐瞒死伤人数的行为进一步加剧。建筑企业依法上报安全事故后被有关部门依法暂扣或者吊销其有关证照，没有证照就不能参照招投标，也就没办法承揽工程，所以证照是企业的命脉，所以从某种意义上说，事故上报就类似于是建筑企业的"自杀"行为。所以本文建议对于能主动上报事故的单位，不再暂扣或者吊销其有关证照，可以给予其限期整顿的通知，如果这个时候还不能改过的话，再考虑暂扣或吊销其有关证照，也就是说给建筑企业一个改过自新的机会。

10）提升事故隐瞒的处罚额。一方面结合前面降低安全事故处罚力度的考虑，给建筑企业一个改过自新的机会，让其有选择事故上报的一个倾向；另一方面，可以通过提升事故隐瞒的处罚力度来震慑建筑企业，使其不敢再存有"事故不会轻易暴露"的侥幸心理，因为一旦事故暴露，迎接而来的是更加严厉的处罚。

在"人人都是编辑记者"的信息时代，任何事故发生后都不可能瞒得住、骗得过。试图抱着侥幸心理，企图一拖再拖之后大事化小、小事化了，无异于掩耳盗铃。事实上，当下在建筑生产领域实现"零事故"，虽契合民众期许，但限于技术短板及防范缺位等诸多因素，"绝对安全"只是奢望。当事故发生后，建筑企业理应及时通报，公开真相，这是对死伤者的起码慰藉与应有担待，也是规避重蹈覆辙的重要路径。

5.2 存在的问题及未来的研究方向

本研究中存在不足之处及未来需要深入研究的方向如下：

1）因为目前事故处理信息的不公开性，所以很难收集到有关建筑事故隐瞒的数据，收集到数据过少，在此基础上总结出的结论的置信度就较低，说服力不足。

2）因为建筑安全事故的发生类型不同，影响的范围大小不同，造成的后果严重程度也不同，所以建筑企业的事故经济损失也就差别很大，所以很难估算出建筑企业事故经济损失的均值,所以在建筑企业事故经济损失这一章的研究中,主要是对经济损失因素的分析,以及对事故隐瞒引起损失增减要素的分析,缺少经济损失值的具体计算。

3)在伤亡家属事故隐瞒行为决策树路径选择分析中,提出了给予上报安全事故家属奖励值、隐瞒事故家属处罚值的建议,虽说给予隐瞒事故家属处罚值对事故隐瞒状况的改善有帮助,但考虑到伤亡职工家属作为建筑事故的直接受害者,由于其事故隐瞒行为再对其给予一定处罚,在道义上是有些不近人情,所以这个建议还有不成熟之处,有待进一步研究。

4)在隐瞒行为分析中没能合理地用到前面计算出的理论赔偿值,使得前面的计算和后面的分析衔接得不好。

5)在本文的事故隐瞒行为分析中,针对政府部门如何阻止事故隐瞒,侧重点是从完善制度、加强管理及法制教育等制度、意识层面的建议,而缺乏技术层面、可实际操作的建议。

希望在未来的研究工作中,一方面尽量多收集些有关建筑事故隐瞒的真实详细案例,从案例的细节出发,发现更具有实用价值的可操作性强的杜绝隐瞒行为的办法,以改善建筑业安全管理的现状。在收集大量数据的基础上,在对事故隐瞒行为进行分析时,力争用真实的数据来代替符号,使分析结果更直观,更有说服力。另一方面,针对建立建筑企业事故损失清单计价模式这一建议,进一步考虑其适用性及可行性。

第二部分
河南省建筑业工亡补偿查询系统研究与开发

第6章 绪 论

6.1 开发背景

建筑业作为国民经济发展的一个支柱产业,由于其自身的特点,成为一个事故频发的高危行业,其安全事故的发生率居全国第三,仅次于矿山行业和交通运输业。表6-1是作者根据国家住建部官方网站发布的事故快报信息统计的2003~2012年全国建筑业各年的事故总起数和事故死亡总人数。

表6-1 2003~2012年全国建筑业事故总起数和死亡总人数

年份	2003	2004	2005	2006	2007	2008	2009	2010	2011	2012	2013	2014	2015	2016
事故总起数(起)	1293	1144	1026	888	857	766	694	626	595	446	524	522	442	634
死亡总人数(人)	1750	1474	1357	1129	1127	1040	894	874	793	613	670	648	554	735

由表6-1可知,近14年来,中国建筑业安全事故总起数和死亡总人数均呈现整体下降的趋势(近几年有反复),但同发达国家相比,中国的事故率还是处在一个相当高的水平。并且,建筑业安全事故的发生不仅制约着建筑市场的健康发展,更关系着个人和家庭的生命财产安全,影响着社会的和谐稳定。

安全事故发生后,对受害者的赔偿是一个极为敏感和复杂的问题,赔偿额的确定也是大家更为关心的问题。表6-2是作者收集近年来中国不同地区建筑业工亡事故的实际赔偿额,可以发现,赔偿额之间存在着较大差异,其中同一年不同地区以及同一地区不同年际间的赔偿额都不尽相同。

表 6-2 建筑业工亡实际赔偿额

(单位:万元)

事故发生时间	发生地点	实际赔偿	发生地点	实际赔偿	发生地点	实际赔偿	发生地点	实际赔偿
2010	江苏省南京市	40	江苏省	45	安徽省六安市	32	未知地点	30
	江苏省无锡市	31	地点未知	33	地点未知	55		
	河南省某市	8.8	广东省某市	69.5	山东省济南市	40	上海市黄浦区	14
	河南省洛阳市	45	广东省汕尾市	50	辽宁省大连市	40.4	上海市	80
	河南省郑州市	88	湖南省郴州市	48.07	河北省邢台市	70	辽宁省大连市	45
	四川省成都市	27	黑龙江大庆	39.7	河北省唐山市	43	北京市	70
	四川省成都市	60	黑龙江省	32	云南省	73	贵州省丹寨县	50
	安徽省岳西县	55						
2012	河南省某市	68	四川省泸州市	52	山西省晋中市	56	山东省济南市	39
	河南省商丘市	110	四川省阆中市	81	山西省某市	40	山东省某市	48
	河南省郑州市	50	四川省顺庆区	41	湖北省武汉市	87.9	福建省厦门市	21
	河南省南阳市	80	四川省苍溪县	57.08	湖北省武汉市	95	安徽省宁国市	70
	江苏省某市	70	江苏省盐城市	55.7	广东省中山市	120	浙江省慈溪市	48
	陕西省西安市	90.8	陕西省西安市	42	江西省鹰潭市	80		
2013	湖北省武汉市	66	四川省泸县	17	江苏省靖江市	118	安徽省庐江县	89
	黑龙江省	86	四川省巴中市	60	陕西省	55	宁夏市	61
	湖南省湘潭县	35.8	内蒙古	72.9	浙江省建德市	78	浙江省衢州市	80

另外,通过假设一个具体的建筑业工亡案例样本,依据《工伤保险条例》(2011)等法律法规,分别计算出了河南省、上海市和甘肃省三个地区合法用工行为时的工亡赔偿理论值,计算结果如表 6-3 所示。

表 6-3 河南省、上海市和甘肃省的工亡赔偿理论值 (单位:元)

地区	丧葬补助金	供养亲属抚恤金		一次性工亡补助金	静态不调整工亡赔偿额	动态调整工亡赔偿额
		静态不调整	动态调整			
河南省	15622.5	346490	580697	436200	798312.5	1032519.5
上海市	38515.5	733116.9	1022596	436200	1207832.4	1497311.5
甘肃省	16362	311608.2	481497	436200	764170.2	934059

通过比较分析表 6-2 和表 6-3 中的工亡赔偿额,可以发现,绝大多数实际工亡赔偿额低于理论赔偿额。这一现象产生的主要原因有:①工亡职工及其家属自身法律意识欠缺。大部分案例中的建筑工人来自农村,对劳动合同、工伤保险等法规缺乏了解,发生事

故后没有能力通过法律途径解决赔偿金的问题;同时,大多数农民工缺乏对工伤保险"无责任补偿原则"的了解,误以为自己要承担部分责任,无信心尽力争取赔偿额,最终与用人单位通过"私了"的方式解决赔偿问题。②维权艰难。按照现行工伤赔偿司法程序,一般案件需要3年9个月左右,最长的可达6年7个月左右,这些程序既耗时又耗钱,工亡职工家属考虑到维权成本较高,加之为了能让亲人尽早地入土为安,宁愿选择私了尽快得到赔偿,也不愿意久拖不决。③在"私了"过程中,处于弱势的农民工及其家属大多并不知道自己究竟应该获得多少赔偿额,同时,面对用工单位的威逼利诱,他们只有接受用工单位很少的赔偿。

总而言之,在工程实践中,农民工的合法权益并没有得到很好的保障。据相关研究者调查,建筑行业施工安全事故中90%的受伤害者是农民工,且在遭遇工伤和职业病伤害时,有近四成的农民工的合法权益得不到保障或完全保障。

因此,要想维护受伤害农民工的合法权益,最直接最基本的途径就是使他们能够获得合理的赔偿。但是,在实际生活中可以发现,仅依靠政府有关部门对工伤保险等法律法规的宣传和社保中心对工伤赔偿额的计算,并不能够满足绝大多数农民工的需要。随着社会信息化的进程,计算机软件的应用范围不断扩大,逐渐深入到各行各业,如建筑业、工业、农业、教育事业、社会保险业等。计算机的应用在很大程度上改善了人们的生活、学习和工作条件。因此,充分利用计算机软件的优势,进一步扩大计算机的应用范围,将其与农民工的工伤赔偿结合起来,开发一个工伤赔偿计算查询系统十分必要。

6.2 开发目的和意义

基于上述分析,本书将针对建筑业工亡职工的补偿额问题,与计算机技术结合起来,开发一套适用于社会大众的功能完备、使用简便、成本低廉的建筑业工亡补偿查询系统。

该系统的开发具有以下重要意义:

(1)建筑业工亡补偿查询系统作为一款公益软件,它的开发将有助于促进《工伤保险条例》(下称《条例》)等法规的实施。该系统将《条例》中的补偿计算条款融入其中,使得用户在使用系统的同时了解《条例》中的相关内容。

(2)有助于促进企业加强安全投入。平时忽视安全问题的企业,在使用本系统计算工亡职工的赔偿额后会发现,一旦发生工亡事故,对企业造成的损失十分巨大,企业会由此注重安全问题,加强安全投入。这也有利于促进建筑业行业的健康发展。

(3)有助于促进政府的安全监管。目前,政府对于企业发生的安全事故(尤其是工亡事故),没有一个明确统一的手段来统计和监督企业的事故处理情况。本系统的开发将在一定程度上解决该问题,政府可以利用此软件统计并记录不同地区及企业工亡事故的信息,达到安全监督和管理的目的。

(4)有助于加强农民工的维权意识,降低其维权成本。因本软件为公益性软件,融合《工伤保险条例》等法律条文,使工亡职工家属可以更直观地获知自己应得的补偿额,以省去许多建筑业员工不愿意或无力承担的律师咨询费;而且有了这个赔偿额数字作为参考,可以很大程度上激发工亡职工家属的维权意识,从而更好地维护自己的合法权益。

为了使开发出来的系统能够在社会中更好地实现其价值,建筑业工亡补偿查询系统开发应实现如下目标:

(1)系统应作为一个公益性软件能被社会大众使用。

与社保中心已有的工伤待遇结算系统不同,该系统应不仅应用于那些已缴纳工伤保险的职工,它更应该作为一个社会公益性软件,让那些没有缴纳工伤保险、没有任何社会保障的广大农民工使用。同时,它也需要满足能被所有人使用的要求,不能仅限于某一部分人使用。

(2)系统应该是能够为不同级别层次的用户提供不同查询的平台。

由于社会大众中人们的受教育程度、知识水平、工作类型和工作职务等的不同,系统在开发时应针对不同的用户类型设计不同的查询平台,以更好地实现其价值。

(3)系统界面要美观和友好。

使用该系统的用户大多是与工亡职工有重要关系的家人或亲属,考虑到他们当时失去亲人的悲痛心情,该系统的界面设计一定要美观、友好,使他们在使用的过程中能够尽量保持一种良好的心态。但是,界面又不能太过花哨,否则会给他们反增一种烦躁感,从而影响使用效果。

(4)系统应该具有很好的操作性和可维护性。

由于该系统是为社会大众尤其是农民工所使用,所以系统在设计时应尽量少让用户手写输入信息,尽可能多地进行选择输入,以方便用户的使用。同时,系统在设计时也要考虑到开发者后期对系统的维护和对数据库中数据的更新,以保证系统的时效性。

6.3 文献综述

6.3.1 国外研究现状

国外学者对于工亡补偿的研究主要是从工伤保险这个角度进行分析,并提出降低事故发生率,减少事故损失的有效方法。

美国的 K. Imriyas 等人通过调查分析建立了一个新的确定工伤保险费费率的模型,为确定最优保费、分析项目危害、完善施工方的安全管理系统提供了有效方法。同时,也促进了施工中的安全事故控制,使保险公司的损失达到最小化。

Little,John E. 主要对一系列的安全成本进行分析,并提出了一些措施以使雇主可以降低工人的工伤赔偿费用,从而达到降低安全成本的目的。

英国 HSE 依据英国相对完善的保险制度,主要从保险、非保险的角度对事故经济损失进行计算和统计。

尚未见到面向社会公众的工伤补偿查询系统的文献资料。

6.3.2 国内研究现状

对于工亡补偿的有关问题,国内的相关学者多从法律法规及制度的合理性和对赔偿金的计算标准等方面进行分析研究。

蒲方合从实证分析的角度对《工伤保险条例》进行研究,指出该《条例》所规定的工伤待遇负担机制的缺漏,进行分析,并提出了关于完善工伤待遇负担机制的建议。

刘乔云通过对中国工伤保险制度的理论分析,指出了中国工伤保险法律制度存在的主要问题,并对此提出应通过建立专门的工伤预防管理组织、提高工伤待遇及规范工伤认定标准和程序来完善工伤保险制度。

任中秀以未缴纳工伤保险的工伤案件为例,在计算工伤待遇时,针对所依据的法律中存在的漏洞,提出立法或司法解释应当对此做出明确规定,并提出了相应的解决途径。

乔国香、龙凤等主要通过对死亡赔偿金性质的分析,得出死亡赔偿金应有的赔偿标准,并提出了关于完善死亡赔偿金制度的合理建议。

褚玉龙针对煤矿事故,将矿难主体分为合法用工单位、非法用工单位和个人雇工,根据不同的用工行为,给出了相应的赔偿标准,并针对某一案例分别计算了相应的赔偿额,得出矿难的工伤待遇和赔偿额偏低的结论。

另外,通过对焦作市社保中心工伤待遇结算科的走访,发现该机构在进行工伤待遇结算时,使用的主要是由东软公司开发的一种软件。但是,该系统主要用于计算工伤待遇,对于工亡待遇这一特殊情况还是采用手工计算的方式;而且,该系统目前只有社保中心使有,且只适用于那些已缴纳社会保险的职工。

综上所述,国内外学者对于具体计算工亡补偿的研究较少,也未发现将工亡补偿额的计算与计算机软件相结合的研究文献,因此,有必要开发这样一个查询系统,以满足社会大众的需求,也可以填补工伤保险在该方面的空白。

6.4 本文主要研究内容及研究路线

6.4.1 研究内容

本研究内容如下:

(1)搜集相关资料,了解国内外对建筑业工亡补偿及补偿额查询系统开发的现状,确定本文的研究课题;

(2)对系统设计过程中涉及的理论问题进行分析,说明该系统的主要适用范围,解决系统在计算工亡补偿额时,相关法律中规定不明确的地方,比如对"孤寡老人""孤儿""完全丧失劳动能力""职工月平均工资""统筹地区"等概念的界定;

(3)对查询系统进行可行性分析和需求分析,确定系统的开发平台和开发环境,解决目标系统"做什么"的问题;

(4)通过上述分析,对系统进行模块划分、界面设计、数据库设计,并对软件进行编程,将理论计算的过程转化为计算机计算的过程,分别实现各模块的功能;

(5)对开发的系统进行测试,对测试结果进行分析,以发现系统在实际应用中存在的问题并进行改正、完善。

6.4.2 研究路线

本研究路线如图 6-1 所示。

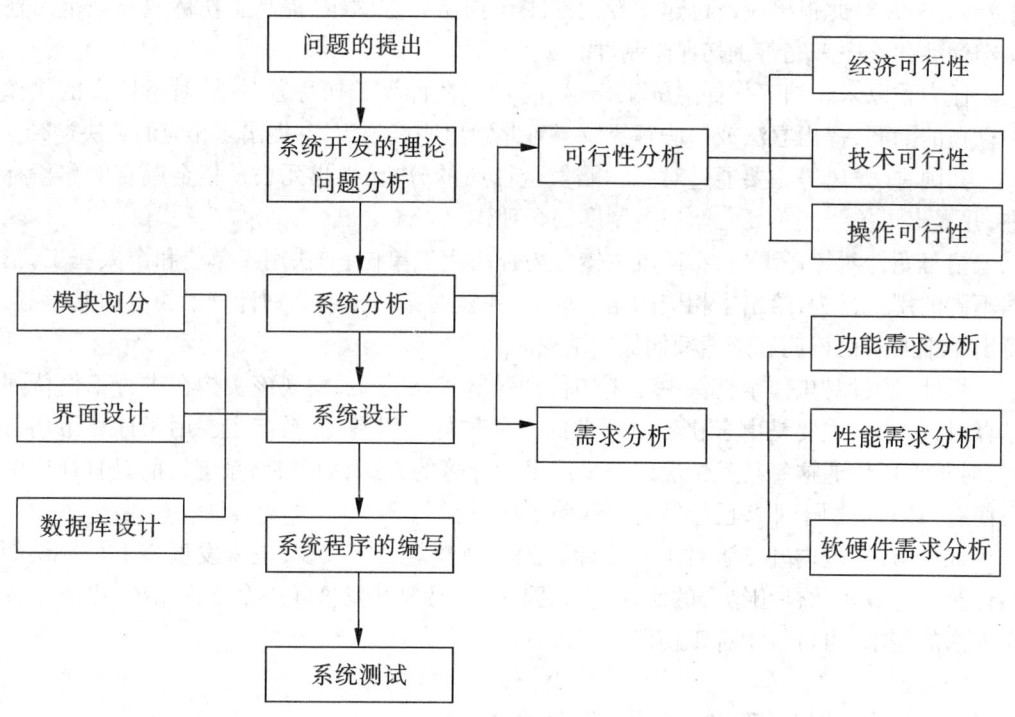

图 6-1 研究路线

第7章 系统开发的理论问题分析

本研究开发的建筑业工亡补偿查询系统作为一个计算类软件,主要以国家相关部门颁布的法律法规为计算依据。由于有的法律法规对适用对象、适用范围具有明确规定,导致该法律法规在实施过程中具有一定的局限性,不能满足现实生活中的所有情况。因此,在系统开发前,需要结合实际情况,对这些法律法规做出相关说明。

7.1 建筑业用工形式划分

近些年,建筑业在快速发展的过程中,也逐渐显露出一系列问题,比如,安全事故频发、用工行为不规范、违章操作现象多等。为了解决这些问题,维护建筑业市场的稳定性,保证建筑业持续有序的健康发展,国家相关部门针对这一特殊行业制定了一系列政策措施。

为了确保建设工程的工程质量,明确建筑施工企业的施工范围,建设部在《建筑业企业资质管理规定》中,将建筑业企业划分为不同的资质等级,又按资质等级将这些企业划分为施工总承包、专业承包和劳务分包三个级别,并分别规定了各级别的业务范围。同时,《中华人民共和国建筑法》(主席令第46号)也明确要求施工企业不得越级承揽工程业务,不允许其他企业或自然人使用本企业的资质证书承揽工程业务,不得非法转包、分包工程。因此,在建筑业中,如果严格按照法律法规的规定,那些没有营业执照或不具备相应资质等级的组织或单位,将无法通过合法程序承揽工程。

但是,实际情况并非如此。在工程实践中,那些总承包单位或专业分包单位按照法定程序,通过招投标承揽到相应资质等级范围内的工程业务,并与建设单位依法签订书面合同之后,除了有些承包单位依法雇佣职工、与其签订劳动合同并按照法定程序正常施工外,还有相当一部分承包单位为了尽快完成任务,通过非法转包或肢解分包的途径将其承揽的业务分(转)包给那些没有营业执照的非法组织或不具备用人资格的自然人(即包工头)。

包工头为了按时完成工作,通过人缘、血缘、地缘等关系将那些零散的农民工集合起来为其打工,由于包工头不具备用工资格,加之农民工工作的临时性和对相关法律知识的缺乏,包工头在雇佣这些农民工时并不与其签订书面劳动合同。另外,由于建筑工程自身的特殊性,建筑施工单位为了完成一些零星工程或某些特殊工程,需要临时雇佣一些工人或技工,因为是临时雇佣,建筑单位通常不与这些工人订立书面合同。这些做法严重违反了《劳动法》和《劳动合同法》等法律法规的规定,因此,国家也制定了相关法律法规以禁止使用零工和临时工。

另外,根据《工伤保险条例》(国务院令第586号)(以下简称《条例》)和《非法用工单位伤亡人员一次性赔偿办法》(以下简称《办法》),只要是经过依法登记、有营业执照的单位雇佣职工(除童工)的行为均属于单位合法用工行为,且该用人单位应当为其全部职工缴纳工伤保险费;而那些没有经过合法登记、无营业执照的单位雇佣职工的行为和单位雇佣童工的行为均属于单位非法用工行为。

由此,按照《办法》《建筑法》《劳动合同法》等法律法规,那些不具备用工资格的包工头和没有营业执照的非法组织雇佣职工的行为均属于非法用工行为。

但是,根据《关于执行<工伤保险条例>若干问题的意见》《关于确立劳动关系有关事项的通知》,在建筑生产过程中,如果那些不具备用工资格的包工头和组织承揽的工程,是由具备用工主体资格的承包单位转(分)包给他们的,那么,该组织或包工头在施工过程中发生安全事故时,应由这些合法的承包单位承担相应的责任。也就是说,该非法组织或包工头雇佣的工人因工死亡的,应由该合法单位承担赔偿责任,即工亡职工的相关待遇将按照合法用工时的标准计算。

另外,根据《全民所有制企业临时工管理暂行规定》,临时工在工作期间发生工亡事故时,其待遇应按照合同制工人进行计算。因此,零工或临时工发生工亡事故时,其待遇也按照上述标准计算,即雇佣零工或临时工的行为本文也归属于合法用工行为。

由上分析可知,在建筑业中,那些合法单位按照法定程序雇佣职工的行为属于单位合法用工行为;同时,那些不具备用工主体资格的自然人或没有营业执照的非法组织雇佣职工,但应由合法单位负责的用工行为也归属为单位合法用工行为;而单位雇佣童工的行为则属于单位非法用工行为。

除了上述单位雇工外,在实际生活中,还存在着一些既不是企事业单位、民办非企业单位,又不是个体工商户、基金会等组织或单位的"个人"。这些"个人"往往作为雇主直接雇佣雇工为其工作,并支付劳动报酬即工资给雇工,他们之间又形成了劳动关系或事实劳动关系,本文称这种雇佣行为为"个人雇工行为"。

目前,中国的法律法规还没有对"个人雇工"做出明确定义,对这一行为下的伤害事故造成的损害赔偿也没有明文规定。但是,众所周知,《民法通则》和《民事诉讼法》是国家用来处理公民之间的人身损害和财产损失案件的。同时,最高人民法院发布的《最高人民法院关于审理人身损害赔偿案件适用法律若干问题的解释》(以下简称《解释》)对公民之间、公民与法人之间的雇佣劳动关系做出了明确规定,对受伤害雇工的赔偿费用也给出了详细的计算标准,并规定在雇佣活动中,应由雇主承担对其雇工的赔偿费用。另外,该《解释》着重指出,适用于《条例》调整的劳动关系和工伤保险范围,将不适用于该解释。因此,在建筑业的"个人雇工行为"中,雇主与雇工之间的人身损害关系将按照《解释》的有关规定确定。

综上所述,本文将建筑业的用工行为划分为单位合法用工行为、单位非法用工行为和个人雇工行为三大类:

(1)当单位合法用工行为下发生安全事故时,其补偿额按照《条例》的有关规定计算;

(2)单位非法用工行为下发生安全事故时,其补偿额按照《办法》的有关规定计算;
(3)个人雇工行为下发生安全事故时,按照《解释》的有关规定计算补偿额。

7.2 补偿额计算相关法规

7.2.1 单位合法用工工亡补偿额计算

根据《工伤保险条例》,当职工因工死亡的,可享受相应的工伤保险待遇。如果用人单位未为该职工缴纳工伤保险费,那么,此费用将由该用人单位支付。因此,不管用人单位是否为其职工缴纳工伤保险费,只要其用工属于单位合法用工,其职工发生工亡事故后,工亡补偿额就按照《条例》的相关规定计算,只是补偿额的支出对象不同而已。

根据《条例》,工亡补偿额主要包括的费用及计算规则如下:
(1)丧葬补助金=统筹地区上年度职工月平均工资×6;
(2)供养亲属抚恤金=职工本人工资×一定比例(具体比例按照《条例》的有关规定确定);
(3)一次性工亡补助金=上一年度全国城镇居民人均可支配收入×20。

7.2.2 单位非法用工工亡人员一次性赔偿计算

按照《非法用工单位伤亡人员一次性赔偿办法》,单位非法用工造成职工或童工死亡的,其赔偿额主要包括一次性赔偿金和丧葬补助等其他赔偿金。其中:
(1)一次性赔偿金=上一年度全国城镇居民人均可支配收入×20;
(2)丧葬补助等其他赔偿金=上一年度全国城镇居民人均可支配收入×10。

7.2.3 个人雇工工亡赔偿额计算的相关规定

按照《解释》,个人雇工行为时,雇工因工受伤时,雇主应当赔偿医疗费、护理费、住院伙食补助费等费用。如果雇工死亡的,雇主还应当赔偿丧葬费、被扶养人生活费、死亡补偿费等其他合理费用。但是,除了丧葬费、被扶养人生活费和死亡补偿费,该《解释》对其他费用并未做出具体规定,其中:
(1)丧葬费=受诉法院所在地上一年度职工月平均工资×6
(2)被扶养人生活费=受诉法院所在地上一年度城镇(或农村)居民人均消费性支出×年数(具体年数按照《解释》的有关规定确定);
(3)死亡赔偿金=受诉法院所在地上一年度城镇(或农村)居民人均可支配收入(或纯收入)×年数(同上规定)。

因此,本文在开发系统时,也将按照上述规则只计算丧葬费、被扶养人生活费和死亡补偿费,其他费用暂不属于赔偿范围。

7.3 法律法规关键术语说明

在计算工亡补偿额时,作者发现,建筑业工程实践中,许多企业并没有完全按照法定程序雇佣职工,非法用工行为、违法施工现象普遍存在。另外,由于每一个发生工亡事故的职工个人及其家庭情况也存在着各种差异,从而造成法律与实际情况不符的尴尬局面。根据作者的计算,这种情况的发生主要是因为人们对有些法律术语有所争议,下面一一说明。

(1)统筹地区

对于"统筹地区",按照《条例》应属于"省级统筹"。但是,根据河南省人力资源和社会保障厅发布的《关于加快推进我省工伤保险市级统筹的通知》,河南省计划并已经开始实施"市级统筹制度"。并且,在实际工作中,河南省大部分地区也都已经实行"市级统筹",因此,本文仍将按照"市级统筹"的标准计算。

同时,由于建筑业生产的流动性比较强,用人单位所在地、生产经营地(即建设工程所在地)和职工的户籍所在地往往不在同一地区,所以对"市级统筹地区"又有以下三种理解:用人单位所在的市、建设工程所在的市和职工户籍所在的市。

根据《条例》,用人单位应当在单位所在市的经办机构为其职工缴纳工伤保险费,也可以异地参加工伤保险。对此,本文理解为,"如果用人单位和建设工程不在同一地区时,将按照建设工程所在的市为市级统筹地区",也就是说,职工发生工亡事故时,将以其事故发生地(建设工程所在的市)作为统筹地区。

(2)上一年度

在上述法律法规中,各项费用均是以"上一年度"的统计指标作为计算标准,比如,丧葬补助金以"上一年度"职工月平均工资作为标准,一次性赔偿金等以"上一年度"全国城镇居民人均可支配收入作为标准,等等。对于"上一年度",《解释》中规定为"一审法庭辩论终结时的上一统计年度",然而,《条例》和《办法》并未对其做出明确规定,且有些工亡案例并未经过诉讼程序。因此,在本研究中,作者按照人们的正常思维习惯和现实中的真实案例,规定"上一年度"为工亡职工被确定死亡时所属年份的上一年。

(3)职工本人工资

根据《条例》,"职工本人工资"主要是指工伤职工受伤害前12个月的平均月缴费工资。正常情况下,如果单位为职工缴纳工伤保险费,并且缴纳时间超过12个月,那么"平均月缴费工资"将很好确定,如果单位未为职工缴纳工伤保险费或职工工作时间不满12个月时,"平均月缴费工资"将难以确定,而相关法律法规也没有对此做出具体规定,以至于在实际案例中时常发生争议。

有人认为,如果职工工亡前12个月的缴纳时间不够12个月,应按照实际缴费总额除以实际缴费月数计算;有人认为,如果职工工作不到一个月,尚未领取工资时就发生工亡事故,应当以单位雇佣职工时双方约定的工资作为月平均缴费工资,如果没有约定则实行同工同酬;也有人认为,应当以工亡职工本人前12个月的平均工资作为计算标准,而工作不满12个月的,则按实际工资总额除以实际月数计算。

综合上述各方观点,并结合具体工程实践,本研究对用人单位没有按照《条例》规定按时、足额为职工缴纳工伤保险费时,"职工本人工资"的界定如下:

①如果职工已缴纳工伤保险,但工亡前12个月的实际缴费月数不足12个月,则"本人工资"按照工亡前12个月的实际缴费总额除以实际缴费月数计算;

②如果职工没有缴纳工伤保险,但工作时间超过12个月,则"本人工资"按照工亡前12个月的月平均工资计算;

③如果职工没有缴纳工伤保险,且工作时间不超过12个月,则"本人工资"按照工亡前各月的实际工资总额除以实际工作月数计算;

④如果职工没有缴纳工伤保险,且工作时间不到1个月,则"本人工资"实行同工同酬,按照本单位参加工作期间,工亡职工工亡前12个月的月平均工资计算。

(4)主要生活来源

根据《条例》要求,领取供养亲属抚恤金的工亡职工近亲属,必须是由工亡职工生前提供"主要生活来源"的亲属。也就是说,除了满足提供"生活来源"这一条件外,还必须符合"主要"这一要求。然而,法律提出该项规定后,并没有对这一概念做出明确说明,没有具体规定提供多少比例的"生活来源"可以界定为提供"主要"生活来源。只是在《因工死亡职工供养亲属范围规定》中提出各亲属的领取资格,应由工亡职工所在统筹地区的社保经办机构核定。

作者通过向焦作市社会保险中心咨询,了解到该机构的判断依据是由工亡职工生前所在社区和街道办事处共同开的书面证明。因此,本文要求使用该系统的用户在选择由工亡职工生前提供"主要生活来源"的亲属时,应先到相关社区和街道办事处取得书面证明,然后按照证明结果如实填写。

(5)劳动能力

本文开发的建筑业工亡补偿查询系统,主要是针对职工"因工死亡"这一特殊情况,因此,工亡职工本人无所谓"有无劳动能力"。此处主要是指工亡职工供养亲属的劳动能力状况。

根据《条例》和《解释》,计算供养亲属抚恤金和被扶养人生活费时,除了要满足由工亡职工生前提供主要生活来源这一前提条件外,还得满足"无劳动能力"这一主要条件。但是,《条例》和《解释》都未对此做出明确规定,只是在《因工死亡职工供养亲属范围规定》中指出,各亲属的劳动能力应由工亡职工生前单位所在地的市级劳动能力鉴定委员会负责。

因此,使用该系统的用户,在填写相关亲属有无劳动能力时,需以劳动能力鉴定委员会的鉴定结果作为判断依据;如果该亲属确实无劳动能力,但没有鉴定证明,则须到相应的劳动能力鉴定机构做过鉴定之后再进行查询。

(6)孤寡老人和孤儿

同"主要生活来源"一样,国家相关部门并没有对"孤寡老人"和"孤儿"做出明确定义。而且,在实际案例中,人们对"孤寡老人"和"孤儿"也没有统一规定,通常都是具体案例具体分析。有的认为,"孤寡老人"必须超过60周岁、丧偶、且无人照料,独自生活;有的认为,只要超过60周岁,单独生活的老人就是"孤寡老人";还有的认为,只要无子女照料、无劳动能力、无生活来源，不到60周岁的也属于"孤寡老人"；等等。

为了避免系统在使用过程中引发不必要的争议，也为了保证查询结果的准确性，本文在系统设计中将不考虑孤寡老人与孤儿的情况，也就是说，在计算供养亲属抚恤金时，除配偶按40%计算外，其余亲属均按30%计算。

(7) 受诉法院所在地

根据《解释》，计算丧葬费、被扶养人生活费和死亡赔偿金时均应以受诉法院所在地作为计算依据，并且在计算被扶养人生活费和死亡赔偿金时又将工亡职工划分为城镇居民和农村居民。但在具体工亡案例中，有些受害者家属和雇主并未采取诉讼的手段解决相关赔偿问题，而是通过协商的途径解决，因此，并无"受诉法院所在地"之说。而且有些农民工虽然来自农村，但由于常年在外打工，居住在城镇，如果仍以农村居民的标准计算，并不能真正满足受害者家属的需求，也没有真正体现立法为民的原则。

根据最高人民法院《对云南省某交通事故中如何计算赔偿费用的复函》，需根据案件的实际情况，结合工亡职工的住所地、经常居住地等确定计算标准。按照《民法通则》，经常居住地与住所不同的，应以经常居住地为准。因此，如果没有受诉法院所在地，本文以"经常居住地"作为计算标准既符合相关法律法规的要求，又能满足实际工作中大多数人的情况。

"经常居住地"是指公民连续居住一年以上的地方，按此原则，如果公民没有经常居住地，则仍以其原户籍所在地作为住所。根据《户口登记条例》，一个公民应当且只能在一个地方登记为经常居住地。如果公民由一个地方迁往另一个地方，应向相关部门申请办理迁出手续。同时，按照《居民身份证法》，公民自16周岁起即可办理第二代居民身份证，且身份证上登记的地址即为其常住户口所在地。

所以，如果没有受诉法院所在地，本文将以受害者身份证号码上规定的地址作为其经常居住地，但由于身份证号码体现不了受害者的户籍性质，所以将由用户根据受害者的经常居住地判断其户籍性质。

综上，本文对"受诉法院所在地"做出以下界定：

1) 如果有"受诉法院所在地"就以受理该案例的法院所在的市为标准；

2) 如果受害者家属和雇主双方都没有要求通过法院解决该问题，而是双方协商解决时，"受诉法院所在地"就以受害者身份证上规定的经常居住地作为计算标准。

(8) 被扶养人还有其他抚养人时

在计算被扶养人生活费时，如果被扶养人还有其他扶养人，赔偿义务人只需赔偿由工亡职工承担的费用即可。但是，在实际生活中，很难界定工亡者生前具体承担百分之多少的生活费，而且，在本系统开发中，由于系统本身的局限性，很难将每一种情况都考虑周全，因此本文将假设被扶养人没有其他抚养人，即完全由工亡职工生前提供生活来源，由此计算出来的赔偿额将是工亡者家属可能获得的最高值，并不一定是实际可获赔偿额，但工亡者家属可以此作为参考值。

7.4 系统适用范围说明

7.4.1 适用区域

本研究者首次开发的建筑业工亡补偿查询系统,将首先以研究者所在地区——河南省作为试点。河南省作为人口大省,也是一个农民工输入输出大省。因此,本文将首先以河南省作为开发对象,开发出一个仅适用于河南省各地区的补偿额查询系统,该系统要求因工死亡职工的户籍所在地和事故发生地均为河南省管辖的地区。

7.4.2 适用行业

由于建筑业工作环境差,高空、露天等施工活动较多,施工过程中存在着各种危险源,使得建筑业成为一个事故频发的高危行业。建筑业安全事故的发生给国家、企业和个人财产都造成了重大损失,严重影响了建筑业市场的稳定和社会的安定,因此,解决建筑业的安全事故问题已是重中之重。

本文开发的系统主要针对河南省建筑业的安全事故,因此要求发生工亡事故的职工必须得是因从事建筑业生产活动而遭受事故伤害。

7.4.3 适用时间

为了保证开发系统的时效性,在计算相关补偿额时所依据的《条例》《办法》和《解释》均是国家相关部门最新颁布的。其中,《条例》是国务院 2010 年新修订,并于 2011 年开始施行的;《办法》是 2010 年根据新《条例》制定,并于 2011 年起施行的;《解释》是从 2004 年起开始施行的。但是,根据《民法通则》,由于一般民事案件的诉讼时效为两年,因此 2012 年以前的伤亡案例将不适用于该《解释》。

综上,本系统主要适用于发生在 2011 年 1 月 1 日以后的事故。

7.4.4 适用工伤类型

建筑业安全事故中的工伤者,既包括因工受伤的职工,也包括因工死亡的职工。在计算工伤职工的医疗费时,需要与其签订的医疗机构进行结合,且每个职工的受伤情况和签订的医疗机构都不一样,计算工伤待遇的标准也不确定。考虑到开发者的时间和资源有限,本文将不考虑因工受伤这一情况,仅针对因工死亡这一特殊情况。因此,本文开发的系统主要适用于因工死亡的职工。

作为"工亡职工"必须具备两个条件:一个是与用人单位或雇主存在劳动关系或事实劳动关系,另一个是"因工"而死。因此,用户在使用该系统查询工亡职工的补偿额时,必须先对该职工做以上两个条件的认定,具体的认定办法详见附录1《关于确立劳动关系有关事项的通知》(部分)和附录3《工伤认定办法》(部分)。

7.4.5 适用用户

本文开发的建筑业工亡补偿查询系统与社保机构的工伤待遇结算系统不同,该系统不仅可以被社会保险机构使用,政府机构、一般的建筑业从业人员及其家属也可以使用。该系统作为一个社会公益性软件,主要被用来帮助那些属于弱势群体的农民工们,帮助他们快速而准确地查询到合法合理的工亡补偿额,以更好地维护他们的合法权益。

7.5 系统用户类型划分

本文开发的建筑业工亡补偿查询系统适用于社会大众,但是,由于每个人的受教育程度和对相关法律法规的理解能力不同,要求系统能够为各种程度的用户提供合适的查询入口。对此,作者根据用户不同的工作职务,将他们划分为三种类型:个人用户、企业用户和政府机构。

个人用户主要指个人雇工行为或者单位雇工行为中工亡职工的家属、亲戚、朋友、同事等一般用户。由于他们既不属于政府机构的员工,也不属于工亡职工所属单位的正式职工,他们对该单位的资质等级、合法性等一些内部情况并不清楚,有的甚至连用工单位有没有为工亡职工缴纳工伤保险都不清楚,他们或许知道的只是工亡职工本人在什么地方工作、做什么工作等一些基本情况,加之他们对《劳动法》《工伤保险条例》等法律法规的缺乏,要求该模块在设计中应尽量使用他们熟悉的通俗易懂的语言,以方便使用。

企业用户主要指在工亡职工所属单位工作的职工,尤其是那些中上层管理者们,他们可以通过一定途径来判断出该单位的用工行为是否合法,并做出选择,因此,在该模块中又添加设计了两个子模块:合法用工和非法用工。

政府机构主要指地方人民政府、公安机关、劳动保障部门、工会等行政机构。虽然这些机构与工亡职工的赔偿额没有直接关系,但是,有些用人单位和个人在对赔偿额的确定产生分歧时往往会向相关政府部门寻求帮助。因此,该模块主要是供政府机构的工作人员帮助那些来此咨询的单位和个人查询相关赔偿额。所以在该模块中又包含个人查询和企业查询两个子模块。

7.6 系统开发与法律法规的融合问题

针对某一个具体的工亡案例,很容易根据上述相关法律法规的规定具体计算出相应的赔偿额。但是,如果将法律法规与软件结合起来,开发成一个系统时,该系统将被不同的用户运用于各种各样的工亡案例。而且,该系统作为一个社会公益性软件,不仅是为了被某些机构、单位使用,最主要的是为了满足社会大众,尤其是那些属于弱势群体的农民工及其家属的需求。由于大部分农民工来自农村,受教育程度低、维权意识不强,对

《工伤保险条例》等法律条文的理解能力有限,有的甚至全然不知。

因此,在将法律法规融入系统时,应把法律条文中的专业术语等转换成大家通俗易懂的普通术语;在开发时,开发者也要综合考虑所有用户、所有案例的各种情况,并采取一定的措施,保证该系统能适用于所有用户、所有案例。

7.6.1　对三种用工行为的判断

前文明确分析了建筑业中的用工行为,并将其划分为单位合法用工、单位非法用工和个人雇工三大种用工行为。但是,在实际工作中,人们往往并不清楚他们到底属于哪种用工行为。尤其是那些工作在一线的被包工头雇佣的农民工们,他们会误以为被包工头雇佣,就是为包工头工作,应该属于个人雇工行为;有的还会误以为没有签订劳动合同、没有"购买"工伤保险,发生伤亡事故后,就不能按照正常的程序进行索赔,只能私了此事。因此,如果用户是一般的农民工或其家属,则不能将系统设计成由用户自己选择用工行为。

针对这种情况,本文的解决办法就是让用户输入一些他们熟知的与工亡职工工作有关的信息,系统根据此信息自行判断其属于哪种用工行为。

根据前文对三种用工行为的划分可知,在建筑业,主要有两大类用工行为:单位雇工和个人雇工。单位雇工中除了雇佣童工为非法用工行为外,其余的单位雇工行为均属于合法用工行为。因此,系统需要首先确定工亡职工生前是为单位工作还是为个人工作,如果是单位,则属于单位雇工;如果是个人,则可能是个人雇工,也可能是单位雇工,因为有些农民工会误把其雇主包工头当作"个人",这时需要根据工亡职工的工作对象作进一步的判断。

一般情况下,如果工亡职工从事的工作是一般居民自建工程,如自建住宅、自建仓库、厂房、养殖场等中小型工程的话,则可以判定其为个人雇工行为;反之,如果其从事的工作是非一般居民自建工程,如群体房建、体育馆、医院、展览馆、道路、桥梁等大中型工程的话,则可以判定其为单位雇工行为。

在确定工亡职工生前属于单位雇工行为后,系统需要根据用户输入的工亡职工本人的基本信息,如身份证号、死亡日期等进一步判断其是否为童工,如果是童工则属于单位非法用工行为;反之,则属于单位合法用工行为。具体的判断准则如下所示:

单位或企业+童工(年龄<16周岁)= 非法用工行为;

单位或企业+非童工(年龄≥16周岁)= 合法用工行为;

个人+个人自建工程 = 个人雇工行为

个人+非个人自建工程+童工(年龄<16周岁)= 非法用工行为;

个人+非个人自建工程+非童工(年龄≥16周岁)= 合法用工行为。

7.6.2　对各供养亲属的逻辑判断

单位合法用工情况下,根据《工伤保险条例》计算供养亲属抚恤金时,其亲属除了满

足由工亡职工生前提供"主要生活来源"这一前提条件外,还需符合下列条件之一,才可申请领取抚恤金:

(1)完全丧失劳动能力的;

(2)工亡职工配偶男年满60周岁、女年满55周岁的;

(3)工亡职工父母男年满60周岁、女年满55周岁的;

(4)工亡职工子女未满18周岁的;

(5)工亡职工父母均已死亡,其祖父、外祖父年满60周岁,祖母、外祖母年满55周岁的;

(6)工亡职工子女已经死亡或完全丧失劳动能力,其孙子女、外孙子女未满18周岁的;

(7)工亡职工父母均已死亡或完全丧失劳动能力,其兄弟姐妹未满18周岁的。

至于他们是否满足这些条件,系统需要根据用户输入的相关信息进行判断,具体的判断过程如图7-1～图7-5所示。

个人雇工情况下,在该系统中计算被扶养人生活费时,根据《解释》第二十八条,本文将那些由工亡职工生前提供主要生活来源的被扶养人分为18周岁以下的未成年人、18~60周岁的成年人、60~75周岁的成年人、75周岁以上的成年人四种类型,每种类型按照规定的年数计算其生活费,根据前文分析,系统将自动选取所有生活费中最高的那个作为最终的被扶养人生活费补偿额。

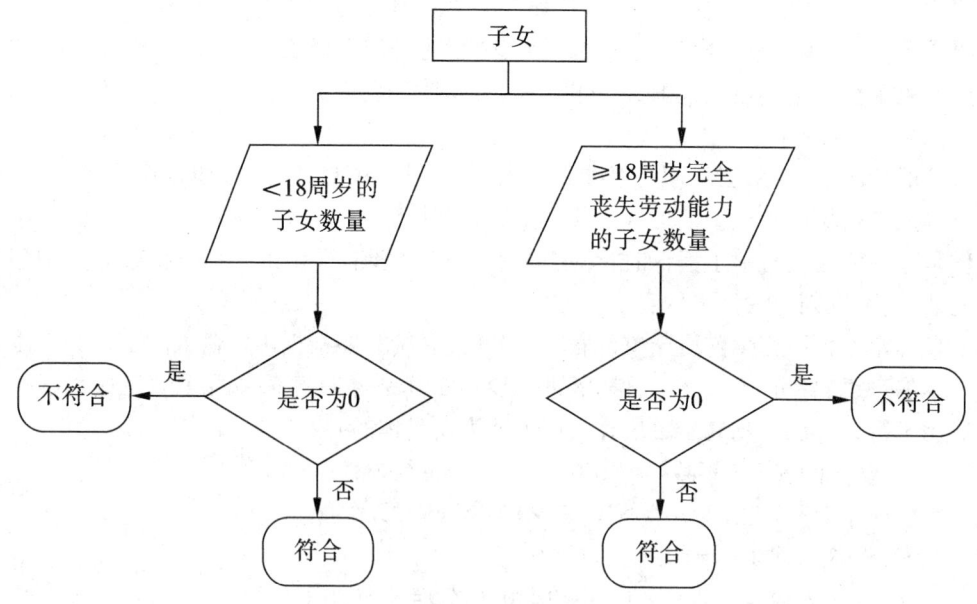

图7-1 子女抚恤金领取条件逻辑判断

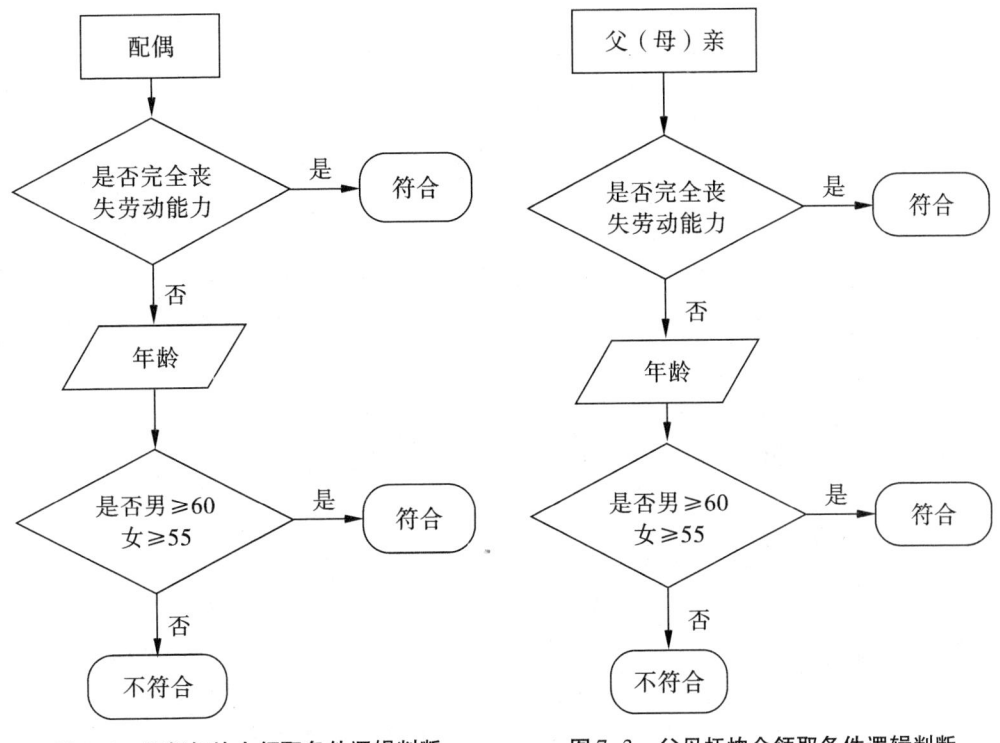

图 7-2 配偶抚恤金领取条件逻辑判断　　图 7-3 父母抚恤金领取条件逻辑判断

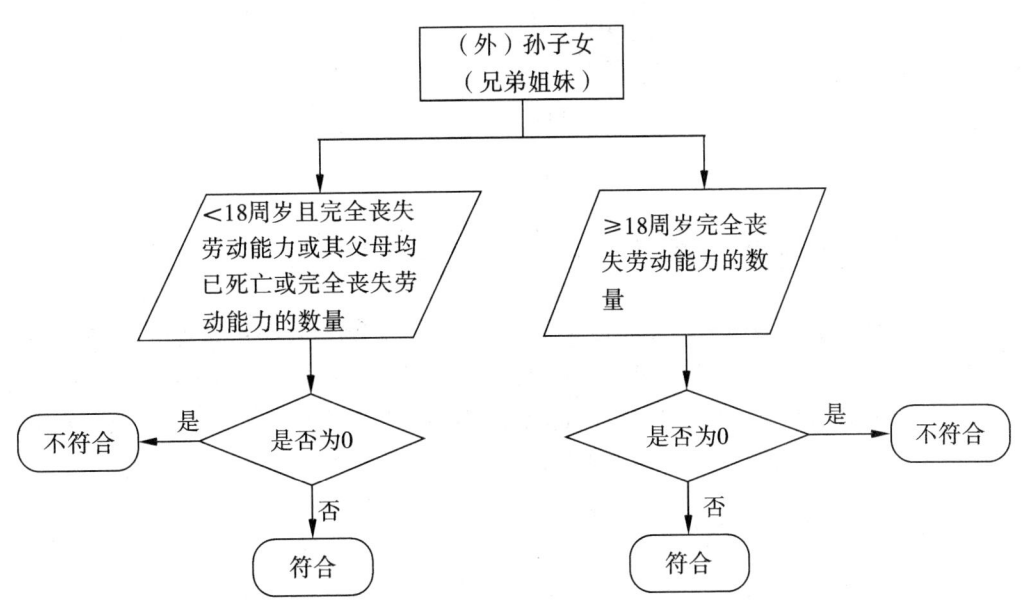

图 7-4 （外）孙子女和兄弟姐妹抚恤金领取条件逻辑判断

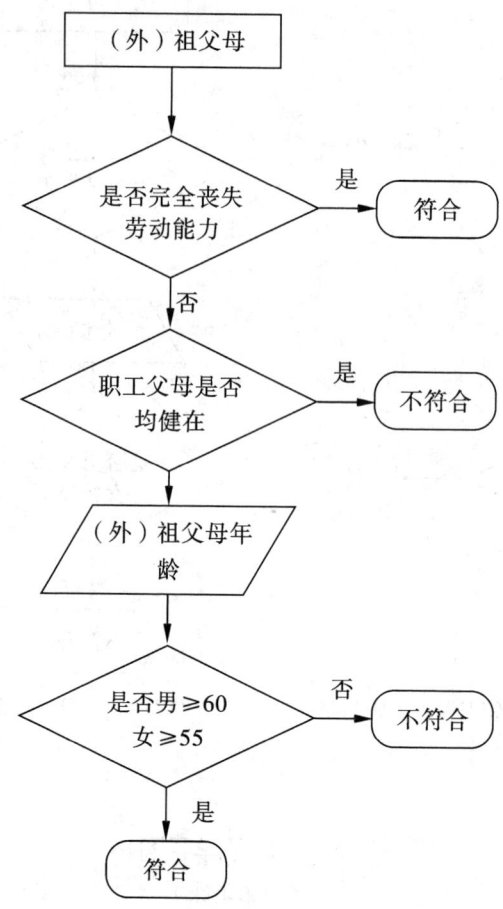

图 7-5 (外)祖父母抚恤金领取条件逻辑判断

7.7 用户查询结果种类

通过上述对建筑业用工行为的划分和对各供养亲属领取抚恤金条件的判断,可知,在实际生活中,不同的用户在使用该系统时,由于每个工亡职工家庭情况的不同,可领取抚恤金的供养亲属也会有所差异,从而造成查询结果的差异。结合实际情况,计算出理论上可能的查询结果种类数量,如表 7-1 所示:

表 7-1 可能的查询结果种类

用工行为	合法用工	非法用工	个人雇工
可能的查询结果	一、丧葬补助金+一次性工亡补助金 二、丧葬补助金+一次性工亡补助金+供养亲属抚恤金,其中: 1. 配偶、子女、父母、祖父母、外祖父母、孙子女、外孙子女、兄弟姐妹中只有一组可领取抚恤金时,共有 8 种查询结果; 2. 上述人中有两组可领取抚恤金时,共有 28 种查询结果; 3. 有三组可领取抚恤金时,共有 56 种查询结果; 4. 依次类推,当分别有四、五、六、七、八组时,分别有 70、56、28、8、1 种查询结果。	一次性赔偿金+一次性丧葬补助等赔偿金	一、没有被扶养人:丧葬费+死亡赔偿金 二、有被扶养人:丧葬费+死亡赔偿金+被扶养人生活费,其中: 1. 只有未成年人可领取生活费时,只有 1 种查询结果; 2. 只有成年人可领取生活费时,有 7 种查询结果; 3. 未成年人和成年人均可领取生活费时,有 7 种查询结果。
查询结果种类总数	256 种	1 种	16 种

第8章 系统分析

8.1 系统开发的可行性分析

系统可行性分析是指在系统设计开发前,对该系统的市场需求、开发条件及开发环境等进行调查研究和比较分析。可行性分析的主要目的是以最少的成本在最短的时间内确定系统开发过程中可能会遇到什么问题,这些问题是否能够解决、是否值得解决。本文开发的建筑业工亡补偿查询系统是一款社会公益性软件,为了保证该系统在使用过程中具有一定的实用价值,在系统开发前主要进行了经济、技术、操作可行性分析。

8.1.1 经济可行性

该系统是一个小型的单机版,对电脑的配置要求比较低,目前人们使用的电脑几乎都可以满足要求,而且该系统免费为社会大众使用,操作简单,无须进行用户使用培训,从某种意义上讲,也节约了社会成本,为社会带来很好的经济效益。

8.1.2 技术可行性

本查询系统是以 Microsoft VB 6.0 作为开发平台,以 Microsoft office Access 2003 作为数据库平台,在技术上还是比较容易实现的。另外,在系统开发前,作者已对相关的理论知识做了深入分析,并已绘制出系统开发所需的结构图、数据流图、逻辑图等,对系统开发提供了理论技术支撑。

8.1.3 操作可行性

建筑业工亡补偿查询系统作为一个小型的计算查询类软件,面向的对象主要是农民工,特意将本系统设计出界面友好、操作简单、简洁的效果,并写出了详细的操作说明书(见附录6),用户只需掌握最基本的计算机操作知识即可,所以该系统在操作性方面非常便捷。

8.2 系统需求分析

任何系统的开发,都需要进行需求分析。需求分析就是要理解用户的需求,经过分析整理到计算机应用的过程。系统需求分析在整个系统的开发过程中占据重要地位,其重要性远远大于系统的编程,需求分析的好坏,直接影响系统的使用效果。在建筑业工亡补偿查询系统设计、开发前,本文主要从功能需求、性能需求和软硬件需求三大方面对系统进行需求分析。

8.2.1 功能需求分析

(1)计算功能

建筑业工亡补偿查询系统作为一个计算类的软件,计算功能将是该系统的核心功能。系统应能根据用户输入的工亡职工及其家属的相关信息,自动计算出该工亡职工家属可获得的补偿额,以供工亡职工的家属参考使用。

(2)自动判断功能

自动判断功能是工亡补偿查询系统的主要功能之一,该功能主要是指系统根据用户输入的工亡职工工作情况的一些信息,自动判断工亡职工生前从事的工作属于哪种用工类型,并自动选择相应的计算依据进行计算。同时,该功能还要求系统能够对用户输入的错误信息做出判断,并提醒用户再次输入正确的信息。

(3)保存和打印功能

保存和打印功能也是工亡补偿查询系统的主要功能之一,该功能包括保存和打印两个功能。保存功能是指用户通过输入工亡职工的相关信息得到相应的查询结果后,可以将该结果以.bmp的图片格式保存在电脑中,以方便用户在退出该系统后随时可以查看该结果;打印功能是指如果用户当时使用的电脑连接有打印机,在用户得到相应的查询结果后,可以通过点击界面上的"打印查询结果"按钮,直接将查询结果打印出来,方便用户查看使用。

8.2.2 性能需求分析

(1)实用性

工亡补偿查询系统开发过程中最需要考虑的问题之一就是系统的实用性。功能再强大的软件系统如果不符合使用者的实际要求,不能达到简单易用、方便快捷的要求,就不是一个合格的软件系统。所以该系统的开发要在系统的分析阶段就详细明确系统的需求,调查用户的受教育水平、工作环境、工作方式、工作特点等方面的内容。只有了解了用户的实际工作需求和工作特点,才能保证系统实现预期的各种功能,并且能够按照用户的需求设计系统的功能。软件系统一方面要实现用户要求的功能,另一方面是要能够让用户使用起来方便快捷,能够提高用户的工作效率,避免不必要的麻烦。只有满足了上面两个方面的软件才是一个好的软件系统,才是具有真正实用性的软件系统,也是用户最想得到的软件系统。

（2）先进性

鉴于计算机软硬件技术和网络技术的更新速度之快，为了保持建筑业工亡补偿查询系统的先进性，首先，选择的系统开发平台和开发环境要具有先进性，采用最新的软件产品；其次，由于该系统是一个以相关法律法规为依据的计算类软件，所使用的法律法规也必须是国家相关部门颁布的最新法律；这样才能保证该系统的先进性和实用性，也才能更好地为人们所使用。

（3）可更新性

随着人们生活水平的不断提高，国家政策的不断调整，有些法律法规也不断被修订以适应当前的发展需求，该系统在应用过程中也需要随时被更新，因此，在系统的设计过程中，需考虑到今后的发展需求，尽量设计得简便、明了，并充分考虑与其他设备的兼容性，包括数据库及模块、计算规则的更新方便性。

8.2.3 软硬件需求分析

（1）软件需求

1）应用平台的选择。在建筑业工亡补偿查询系统的开发过程中，本文采用的开发软件为 Microsoft VB 6.0。VB 6.0 是微软公司开发的编程设计软件，也是基于 Windows 操作系统可视化编程环境，它具有强大的性能、良好的兼容性等特点，利用可视化的设计工具和向导，编程人员可以快速进行图形界面设计；利用其事件驱动的编程机制，易于代码的编写和维护，可以极大地提高程序设计的效率；是一款易学易用、操作简单实用的编程软件，很受专业程序员和编程爱好者的喜欢。

2）操作系统的选择。在建筑业工亡补偿查询系统开发时使用的操作系统平台为 windows7，是由微软公司推出的一款电脑操作系统。但在安装使用该系统时，所需的电脑操作系统为 windows xp、windows 7、windows 8 及以上版本。

3）数据库的选择。建筑业工亡补偿查询系统所使用的数据库平台为 Microsoft office Access 2003。Microsoft office Access 2003 也是由微软发布的关联式数据库管理系统。用户通过该系统可以创建表、进行查询、创建图表和报告，并且 Access 提供功能参数化的查询，这些查询和 Access 表格可以被 VB6.0 通过 DAO 或 ADO 访问。

（2）硬件需求

近几年，计算机技术快速发展、不断更新，中央处理器也从早期的 Pentium、PentiumⅡ、PentiumⅢ、Pentium4 发展到酷睿处理器，甚至是双核、四核。本文开发的建筑业工亡补偿查询系统是一个小型的计算查询系统，一般的计算机都能满足设计要求，其具体的硬件环境需求为：

CPU：双核以上，主频在 1.6 GHz 以上；

内存：1 G 及以上；

硬盘：80 G 以上；

电脑需要连接有屏幕、键盘和鼠标等输入输出设备。

第9章 系统设计及实现

9.1 系统设计原则

本文开发的建筑业工亡补偿查询系统严格遵循软件工程的开发程序,将先进的软件技术与现行的法律法规相结合。系统的开发宗旨是满足社会大众,尤其是农民工的需求,通过该系统,他们可以很方便地查询工亡补偿额。系统设计开发过程突出了下述基本原则:

(1)合法性

合法性是该系统开发过程中最根本的原则,系统的计算依据必须符合国家相关法律法规、国家标准和行业标准的规定,计算过程中使用的数据来源必须可靠、合法,只有这样,用户查询到的计算结果才更具有说服力,该系统也才能更好地被用户使用。

(2)准确性

准确性是该系统开发过程中最重要的原则,建筑业工亡补偿查询系统作为一个计算类软件,必须要保证输出结果的准确性,以避免对用户的误导。

(3)简便性

简便性要求开发出来的系统易懂易学,使用户不需要任何的培训教育就可以自行操作,并且要保证操作过程的灵活、简便、快速。

(4)可靠性

可靠性要求系统能够对错误的信息输入做出提示,并提醒用户再次输入正确的信息,另外,要保证系统在运行过程中不发生故障。

(5)高性价比

由于建筑业工亡补偿查询系统是一个面向社会大众的社会公益性软件,因此要求在开发系统时,能够以较低的成本实现所有的目标功能,并保证开发出来的系统在软硬件配置较低的电脑上也能运行,这样也可以节省用户的使用成本,从而更加充分体现了该系统的公益性。

9.2 系统工作流程设计

建筑业工亡补偿查询系统,作为一个以计算为核心的查询类软件,以国家相关部门颁布的《条例》《办法》和《解释》为依据,通过用户输入的关于工亡职工本人及其亲属的一些信息,自动计算出相应的补偿额,然后将计算结果反馈给用户。具体的系统结构图和数据流图如图9-1和图9-2所示。

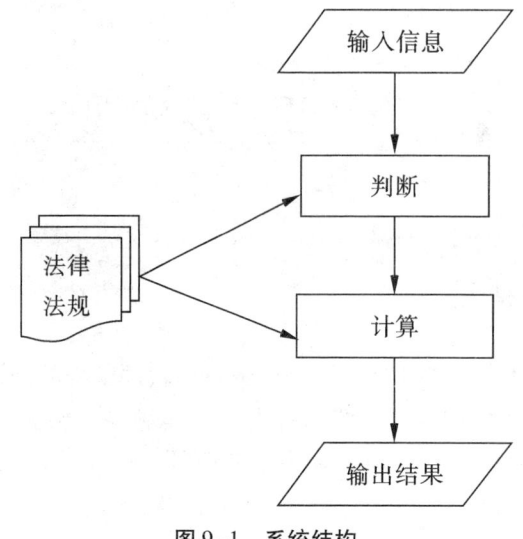

图9-1 系统结构

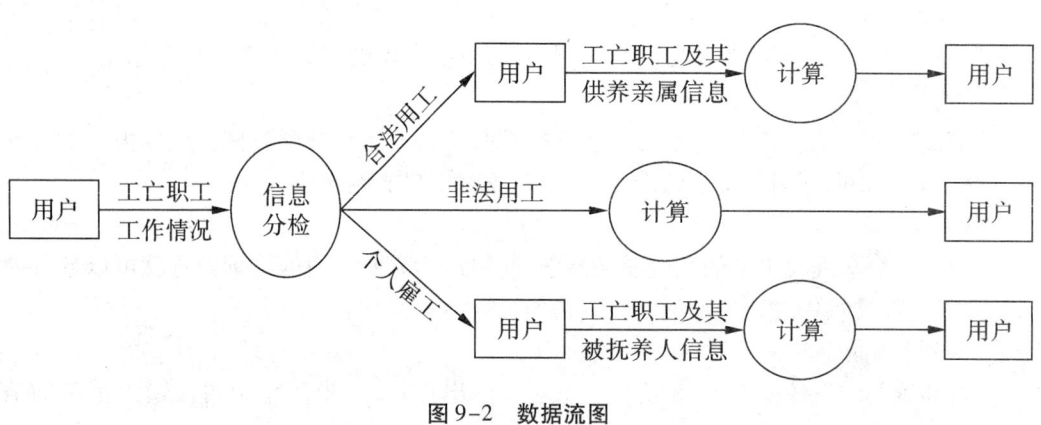

图9-2 数据流图

9.3 系统模块划分

根据之前对用工形式和用户类型的划分,该系统在功能上主要划分为三大模块:个人用户查询模块、企业用户查询模块和政府机构查询模块。个人用户模块又包括合法用工、非法用工和个人雇工三个子模块,企业用户模块包括合法用工和非法用工两个子模块,政府机构模块包括个人查询和企业查询两个子模块。它们之间的结构关系如图9-3所示。

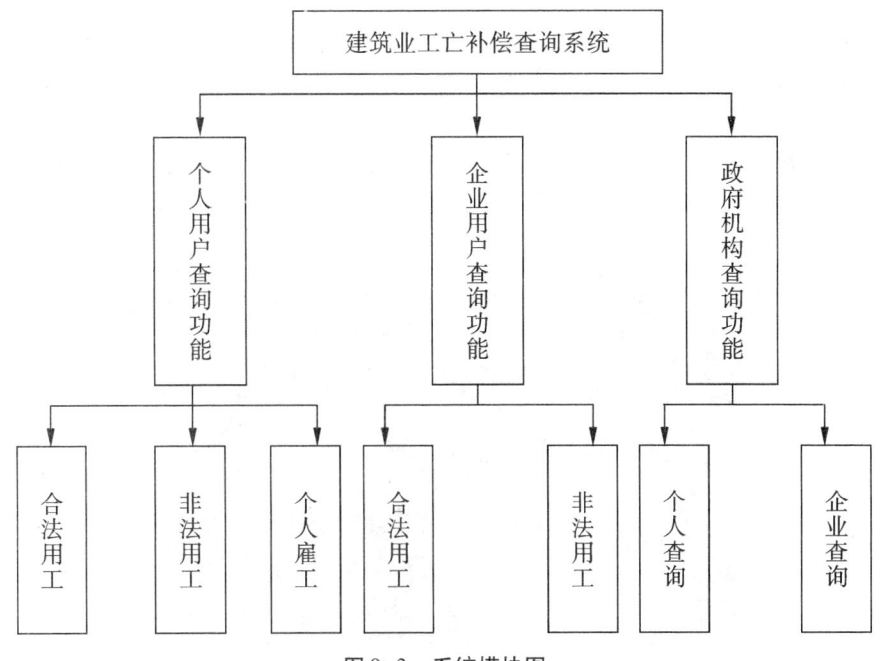

图 9-3 系统模块图

9.4 系统界面设计及实现

9.4.1 系统首界面设计及实现

系统安装完毕后,单击桌面上"河南省建筑业工亡补偿查询系统"的快捷方式或者通过打开"开始"菜单的"程序",左键单击"河南省建筑业工亡补偿查询系统"即可打开系统,并弹出如图9-4所示的首界面。

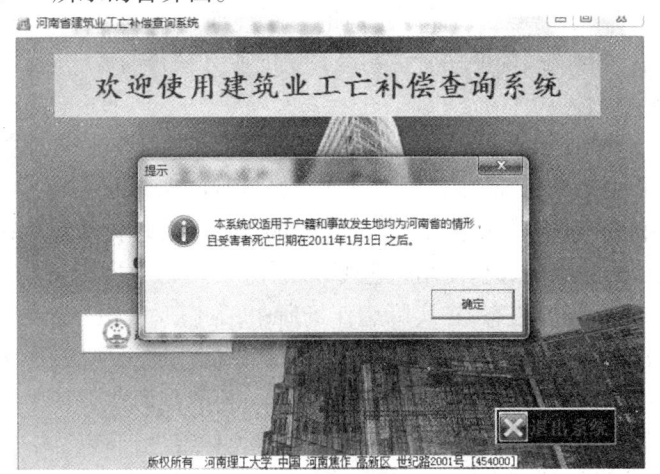

图 9-4 系统首界面(一)

根据前文中对系统适用区域、行业、时间、工伤类型的要求,用户在打开系统时,系统会自动弹出一个如图9-4所示的提示框,提醒用户本系统仅适用于户籍和事故发生地均为河南省,且受害者生前从事的是建筑生产活动,因工死亡日期在2011年1月1日之后的情形。如果用户所查询的案例情况符合上述要求,则点击"确定"按钮进入到图9-5所示的界面,并继续使用;反之,如果不符合上述要求,则在下图所示的界面中点击"退出系统"按钮,关闭该系统,停止使用。

图9-5　系统首界面(二)

设计说明:
(1)布局设计

在首界面正上方显示的大标题是一句欢迎语"欢迎使用建筑业工亡补偿查询系统",表示欢迎用户的使用,也体现出了该系统的适用行业——建筑业和主要作用——工亡补偿查询。大标题的左下方则是阶梯状排列的三个小标题,代表三种不同的用户类型:个人用户、企业用户和政府机构。界面的右下角是一个退出系统按钮,配以鲜艳的红色使该按钮醒目而不被人忽视。与大标题正对的位于界面正下方显示的是该系统的版权所属单位及单位地址和邮编,向使用者说明该系统的所有权归属者。

(2)背景颜色设计

该系统在首界面及之后所有界面背景颜色的设计中均以蓝色为主调,这主要是因为:蓝色作为色系中的冷色,通常表现出一种冷静、理智、安详与广阔,人们看到蓝色通常也会联想到壮阔的大海、无限的天空,另外蓝色也是一种情感化的颜色,本身具有沉稳的特性、理智而准确的意象,因此,使用蓝色可以使用户——工亡职工的亲属或朋友在使用该系统时保持一种平稳的心态;在实际工作场所中,人们通常用"蓝领"来称呼从事体力劳动的工人们,这主要是因为他们在工作时一般都穿蓝色的工作服,所以,在这里作者也选择蓝色,代表本系统的主要使用对象——农民工;一般在商业设计中,蓝色通常强调科学技术,高效率的商品或企业形象大多选用蓝色作为标准色,所以,此处也选择蓝色作为主色调以显示出该系统的技术性和高效性。

(3) 背景图片设计

在背景图片的设计上,选取的是一个高大的建筑物,这样可以更加突出地显示该系统主要适用于建筑业。

(4) LOGO 设计

在一些小 LOGO 的设计上,选用一个小计算器作为该系统的标志,如 ![icon];选择 ![icon]、![icon]、![icon] 作为不同用户的标志,分别代表个人用户、企业用户和政府机构;选择 ![icon] 作为系统的关闭标志,告知用户点此将退出系统,结束使用;这些小图标的设计不仅可以给单调的界面增加一份美感,还可以帮助用户更加清楚地明白每一按键的功能,使他们使用起来更加方便。

9.4.2 信息输入界面设计及实现

9.4.2.1 个人用户

(1) 工亡职工工作情况信息输入

如果使用该系统的用户为一般个人用户,则需要点击首界面中的"个人用户"按钮,进入到图 9-6、图 9-7 所示界面,对工亡者的工作情况信息进行填写,以帮助系统自动判断出工亡职工所属的用工行为,进而选择相应的计算规则。

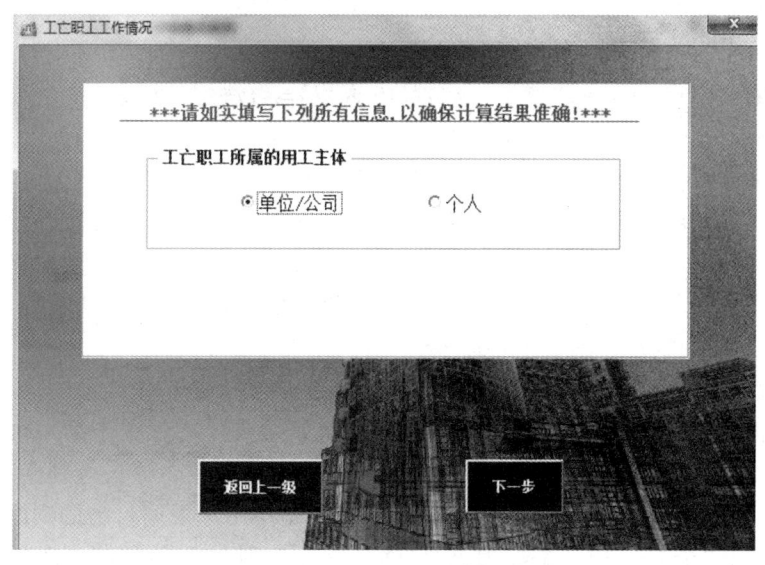

图 9-6　工亡职工工作情况输入(一)

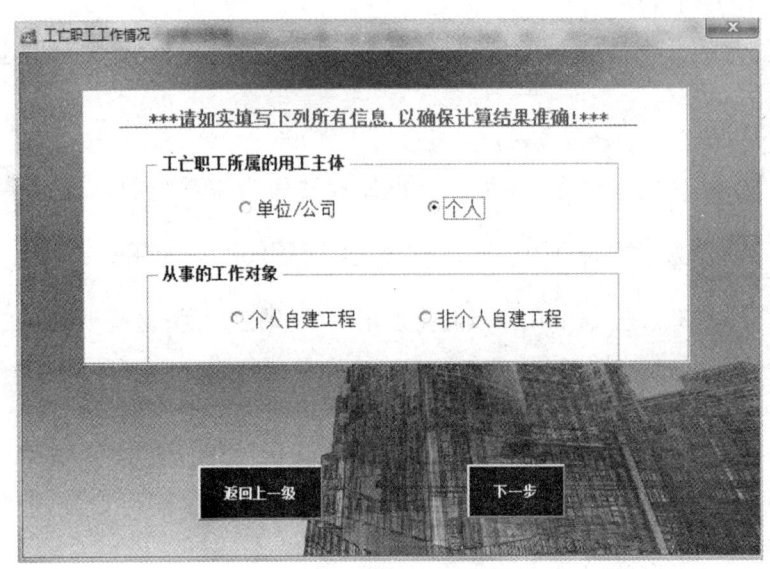

图9-7 工亡职工工作情况输入(二)

设计说明:

根据前文界定的判断准则:

单位或企业+童工(年龄<16周岁)=非法用工行为;

单位或企业+非童工(年龄≥16周岁)=合法用工行为;

个人+非个人自建工程+童工(年龄<16周岁)=非法用工行为;

个人+非个人自建工程+非童工(年龄≥16周岁)=合法用工行为;

个人+个人自建工程=个人雇工行为;

在系统设计时,首先对工亡职工所属的用工主体进行判断,如果用户选择的是"单位/公司",那么系统将直接判定其为单位用工,不再对其从事的工作对象进行判断,系统将不再弹出"从事的工作对象"这一对话框,直接进入到下一界面;如果用户选择的是"个人",那么系统将对其从事的工作对象做进一步判断,并弹出如图9-7所示的界面。

1) 用工主体的选择。

根据建筑业的施工特点,劳动者们所属的用工主体要么是单位或公司,要么是个人,用户需要根据他们所得知的信息做出判断,如果是单位或公司就单击第一个,反之就选择第二个。此处的"单位/公司"主要是指用户通过各种途径能够自行判定工亡职工生前是在为某一个单位或企业、公司工作;"个人"主要是指用户根据自己的判断,认为雇佣工亡职工的是某"个人",职工是在为这个"个人"工作,他既包括那些真正的个人雇主,也包括那些与工亡职工有直接雇佣关系的"包工头"。

2) 工作对象的选择。

该系统对工亡者生前从事的工作主要分为两类:个人自建项目和非个人自建项目。个人自建项目主要是指雇主个人建立的自家住宅、仓库、厂房、料仓、养殖场等;非个人自建项目主要指规模较大的群体性建房、医院、体育馆、歌剧院、矿井、道路桥梁等建筑物。

用户们可以参考这些项目,对工亡者从事的工作对象做出判断。

界面正上方的红色字体提示语主要是用来提醒用户须如实填写相关信息,以确保计算结果的准确性。

实现该设计的部分代码为:

Private Sub CommandButton2_Click( )

If OptionButton1. Value = True Then

Form11. Show

End If

If OptionButton2. Value = True And OptionButton3. Value = True Then

Form31. Show

End If

If OptionButton2. Value = True And OptionButton4. Value = True Then

Form11. Show

End If

End Sub

Private Sub OptionButton2_Change( )

If OptionButton2. Value = True Then

Frame2. Visible = True

Else

Frame2. Visible = False

OptionButton3. Value = False

OptionButton4. Value = False

End If

End Sub

(2)工亡职工本人信息输入。

根据《条例》《解释》和《办法》的规定,不同用工行为下用户需要输入的工亡职工本人信息也有差异,但是,前文已经表明原则上建筑业中非法用工和合法用工最大的区别就是单位是否雇佣童工,所以,该系统将合法和非法两种用工行为时的工亡职工本人信息设计在一个界面中。综上,工亡职工的信息输入主要包括以下两大类:

1)合(非)法用工行为时的信息输入,界面设计如图9-8所示;

2)个人雇工行为时的信息输入如图9-9所示。

设计说明:系统本着让用户操作简便的原则,尽量将信息的输入方式设计成从下拉项中选择或直接选择的形式,比如事故发生地、婚姻状况、户籍性质、受诉法院所在地、有无被扶养人的选择;对于那些不能选择的则需要用户采用键盘打字的方式录入,比如受害者姓名(可填可不填)、身份证号码、死亡日期和月平均工资。为了避免用户对工亡者年龄输入错误,也为了减少用户对性别、户籍所在地等的输入次数,系统将其设计为身份证号码和死亡日期的输入。

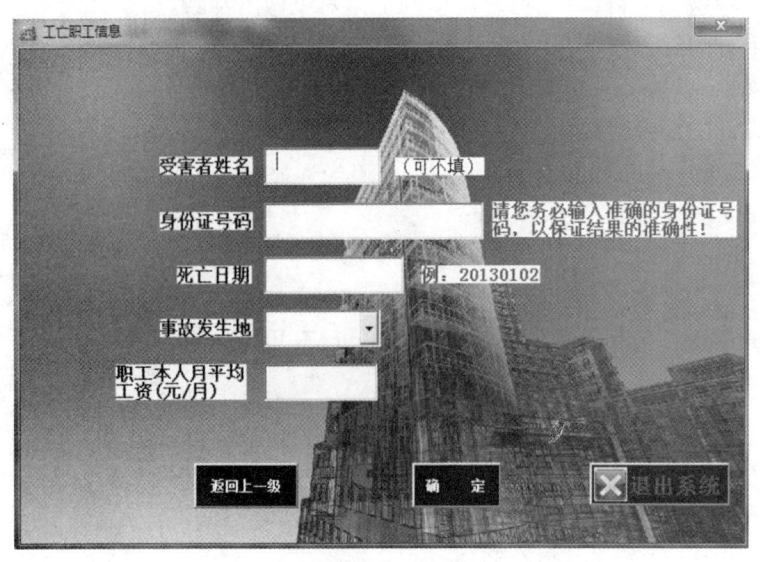

图9-8 工亡职工本人信息输入(一)

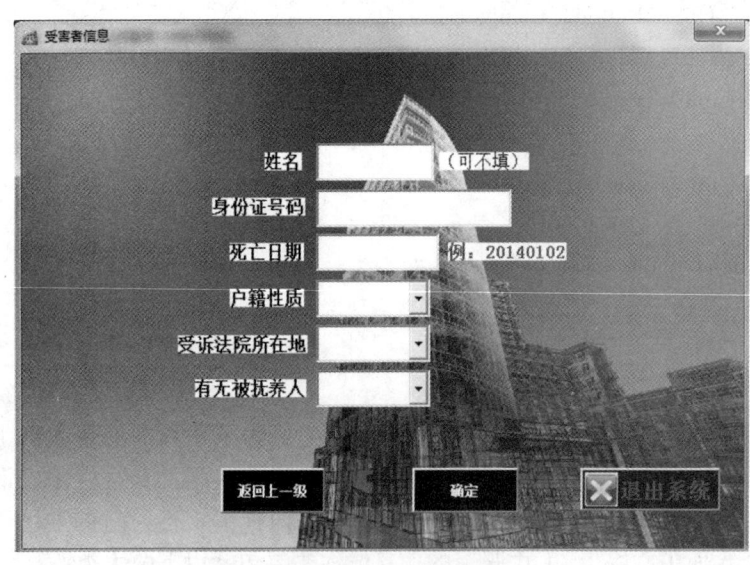

图9-9 工亡职工本人信息输入(二)

在图9-8所示的界面中,如果系统根据身份证号码和死亡日期判断出工亡者死亡时的年龄大于等于16周岁,系统将自动判定为合法用工行为,用户须按照图中的要求填写所有信息;反之,如果年龄小于16周岁,系统将自动判定为非法用工行为,并自动关闭"职工本人月平均工资"和"婚姻状况",无需用户输入,如图9-10所示:

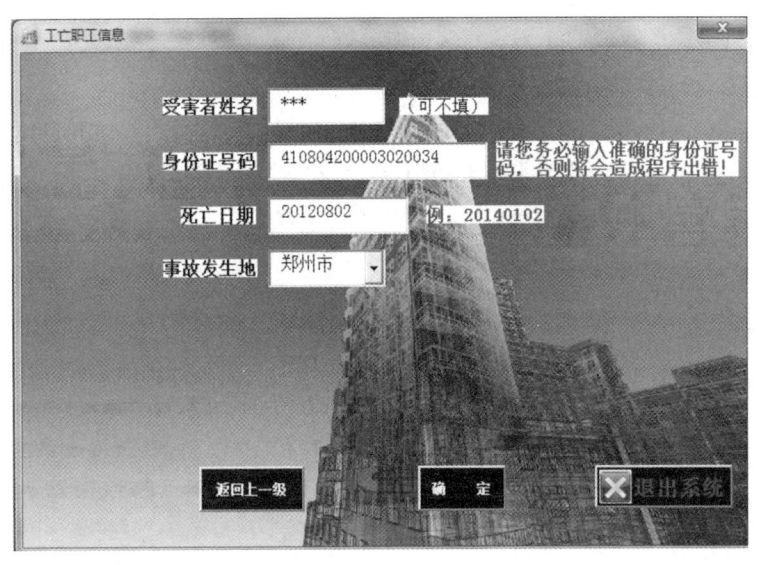

图9-10 工亡职工本人信息输入(三)

实现自动判断功能的部分代码为：

If ComboBox2. Text<>" " Then

shi = ComboBox2. Text

End If

'非法用工出结果--------------

If OptionButton1. Value = True And ((xb = " 男 " And nl > = 22) Or (xb = " 女 " Andnl > = 20)) Then

sala = Val(TextBox4. Text)

Form12. Show

End If

If OptionButton2. Value = True Or OptionButton3. Value = True Or (OptionButton1. Value = True And_((xb = " 男 " Andnl<22) Or(xb = " 女 " Andnl<20))) Then

sala = Val(TextBox4. Text)

Form121. Show

End If

End If

'判断性别

If Left(Right(TextBox3. Text,2) ,1) Mod2 = " 1 " Then

xb = " 男 "

Else

xb = " 女 "

End If

End Sub
If TextBox3.Text<>"" And TextBox5.Text<>"" Then
str=Mid(TextBox3.Text,7,8)
nl=DateDiff("yyyy",Left(str,4)&"-"&Mid(str,5,2)&"-"&Right(str,2),Left(TextBox5.Text,4)&"-"&Mid(TextBox5.Text,5,2)&"-"&Right(TextBox5.Text,2))
Select Case Mid(TextBox5.Text,5,2)-Mid(str,5,2)
Case Is>0
nl=nl
Case Is=0
Select Case Right(TextBox5.Text,2)-Right(str,2)
Case Is>=0
nl=nl
Case Is<0
nl=nl-1
End Select
Case Is<0
nl=nl-1
End Select
'MsgBox nl
Select Case nl
Case Is<16
Frame4.Visible=False
TextBox4.Text=""
CommandButton5.Caption="确定"
Case Is>=16
Frame4.Visible=True
CommandButton5.Caption="下一步"
End Select
End If
End Sub
If Len(Trim(TextBox3.Text))=8 Then
If Val(Right(TextBox3.Text,2))<>19 And Right(TextBox3.Text,2)<>20 Then
TextBox3.SetFocus
End If
End Sub
If TextBox3.Text<>"" And TextBox5.Text<>"" Then
str=Mid(TextBox3.Text,7,8)
nl=DateDiff("yyyy",Left(str,4)&"-"&Mid(str,5,2)&"-"&Right(str,2),Left

(TextBox5.Text,4)&"-"&Mid(TextBox5.Text,5,2)&"-"&Right(TextBox5.Text,2))
　　Select Case Mid(TextBox5.Text,5,2)-Mid(str,5,2)
　　Case Is>0
　　nl=nl
　　Case Is=0
　　Select Case Right(TextBox5.Text,2)-Right(str,2)
　　Case Is>=0
　　nl=nl
　　Case Is<0
　　nl=nl-1
　　End Select
　　Case Is<0
　　nl=nl-1
　　End Select
　　'MsgBox nl
　　Select Case nl
　　Case Is<16
　　Frame4.Visible=False
　　TextBox4.Text=""
　　CommandButton5.Caption="确定"
　　Case Is>=16
　　Frame4.Visible=True
　　CommandButton5.Caption="下一步"
　　End Select
　　End If
　　End Sub

(3)工亡职工供养亲属的信息输入

1)合法用工行为时供养亲属的信息输入,界面设计如图9-11~图9-17所示:

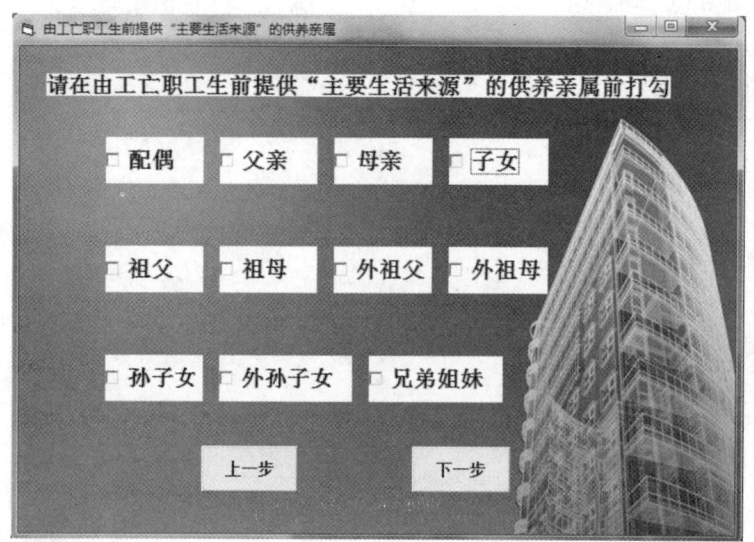

图 9-11 供养亲属的选择

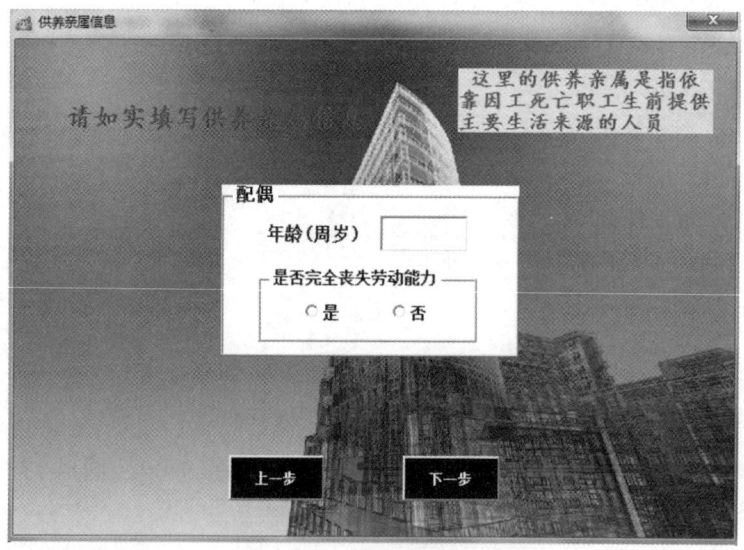

图 9-12 工亡职工配偶信息输入

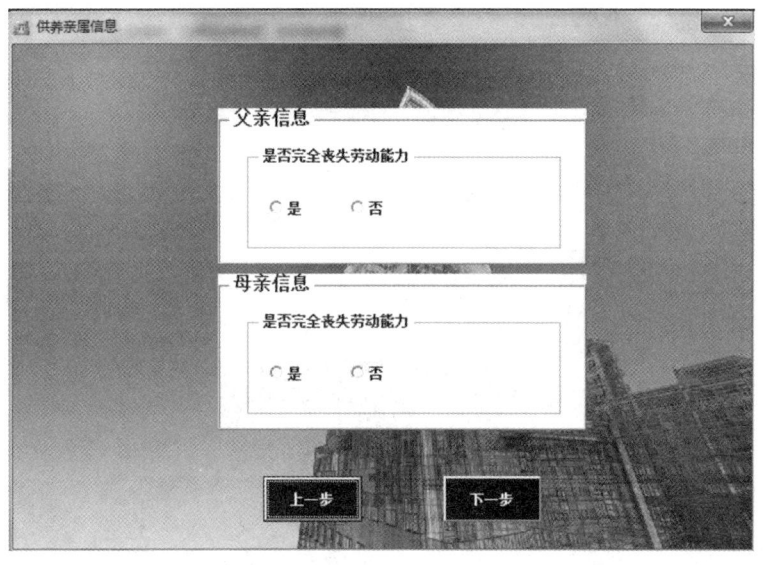

图 9-13　工亡职工父母亲信息输入

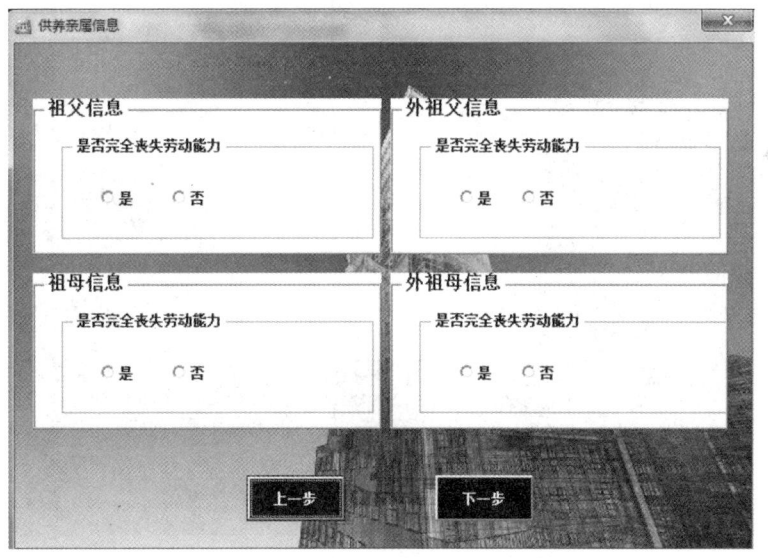

图 9-14　工亡职工(外)祖父母信息输入

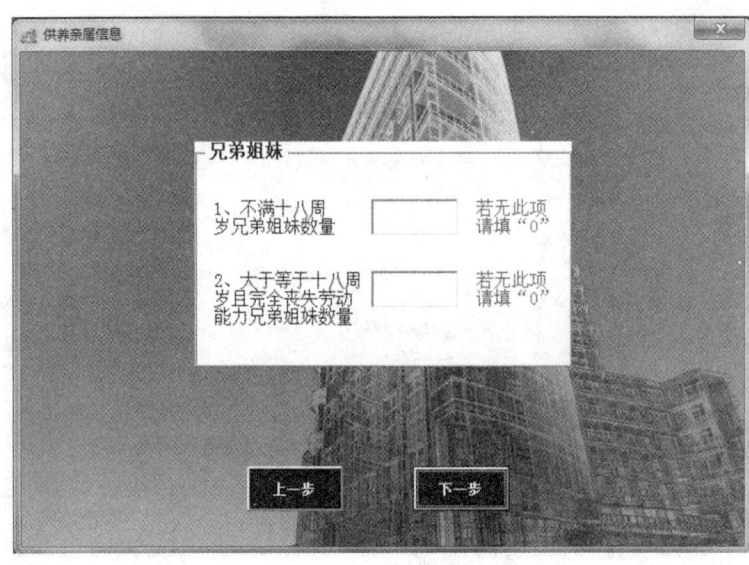

图 9-15　工亡职工兄弟姐妹信息输入

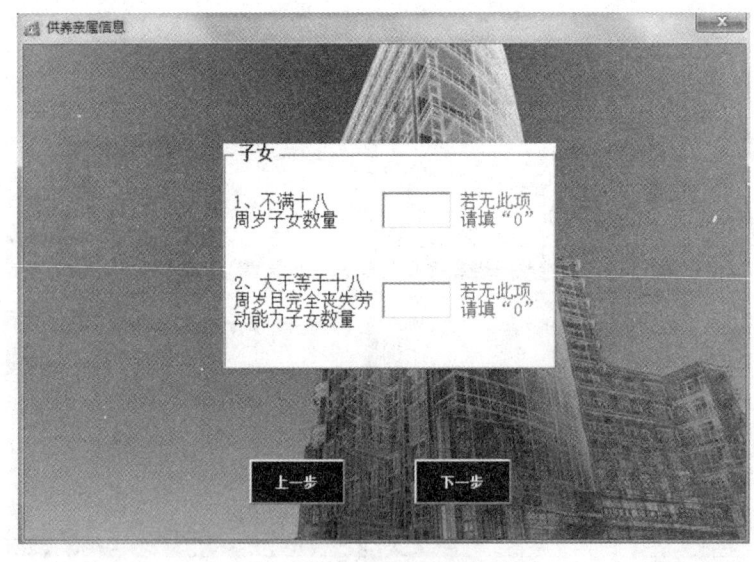

图 9-16　工亡职工子女信息输入

图 9-17 工亡职工(外)孙子女信息输入

设计说明：此部分主要是根据《因工死亡职工供养亲属范围规定》的领取条件而设计，图 9-11 显示的是所有可能由工亡职工生前提供"主要生活来源"的供养亲属，每个用户根据工亡者的实际情况依次在相应的亲属前打"√"。图 9-12～9-17 是对所有供养亲属的信息输入，但在实际使用中，系统只会依次显示打"√"的亲属信息，用户只需根据实际情况如实填写每个人的信息即可。

2) 个人雇工行为时被扶养人的信息输入，界面设计如图 9-18 所示：

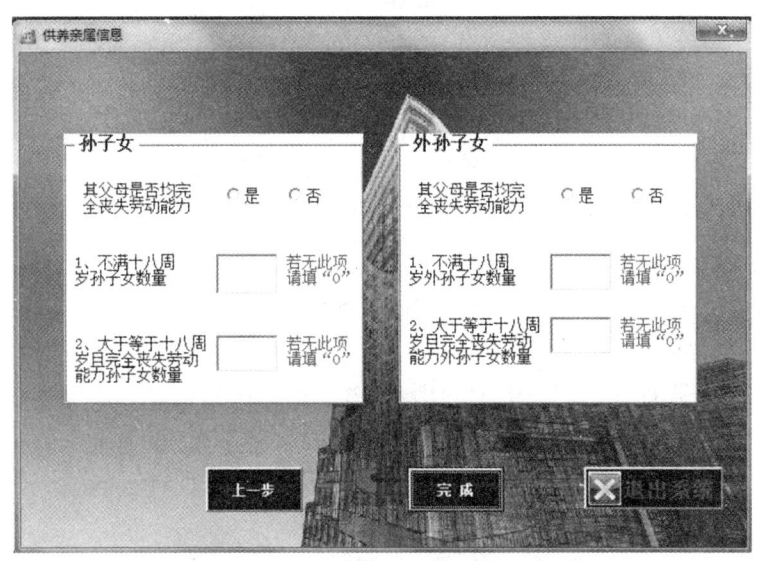

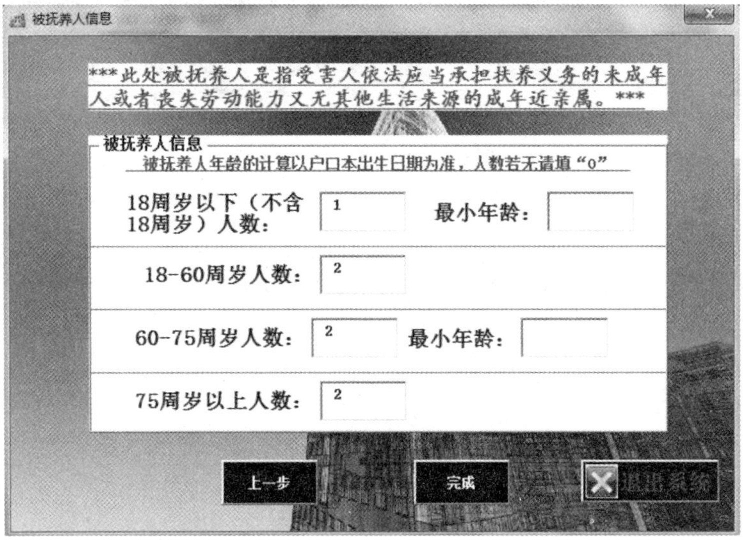

图 9-18 被扶养人信息输入

设计说明:根据2.6.2中作者对个人雇工行为中被扶养人种类的划分,将该界面设计为对四个年龄段人数的填写。如果18周岁以下和60~75周岁两个年龄段的人数为非零,还需用户进一步输入最小年龄的具体年龄。界面中的红色字体主要是用来提醒用户,填写的各亲属须由工亡职工生前承担抚养义务,填写前用户须到相关部门对这些亲属做出证明;同时还提醒用户,在计算每一个被抚养人的年龄时,要严格按照其本人的身份证号码或户口本上的出生日期准确计算出周岁。

9.4.2.2 企业用户

如果使用该系统的用户是企业用户,则点击首界面中的"企业用户"按钮,进入到如图9-19所示的界面:

设计说明:根据前文对用户类型的划分,由于企业用户可以自己对其用工行为做出判断,因此,将该界面设计为直接选择用工行为的方式。另外,作为企业将不存在个人雇工的行为,所以,该界面中只有"合法用工"和"非法用工"两种行为选择。

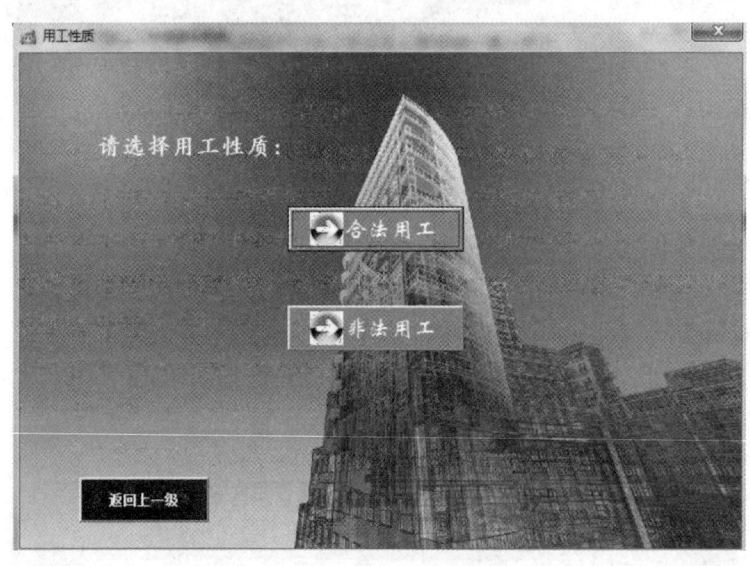

图9-19 用工行为的选择

如果选择"合法用工",之后对工亡职工本人及其亲属的信息输入与"个人用户"中合法用工时的一样,具体见图9-8,9-11~9-17。如果选择的是"非法用工",将直接进入到图9-20所示界面,根据法律法规的要求,用户只需输入界面中所要求的信息即可。

图 9-20　工亡职工信息输入

9.4.2.3　政府机构

如果使用该系统的用户是"政府机构",则点击首界面中的"政府机构"按钮,进入到如图 9-21 所示的界面。

图 9-21　查询类型的选择

设计说明:同样根据前文对用户类型的划分,该系统在政府机构中主要是帮助那些来该机构咨询的个人和企业用户,因此,将该界面设计为"个人查询"和"企业查询"两个入口。且这两个查询入口的功能等同于上述所说的"个人用户"和"企业用户",查询流程也相同,具体参见前文,此处不再赘述。

9.4.3 结果输出界面设计及实现

根据前文划分的三种用工行为,相应地会输出三种不同的查询结果,分别是:合法用工查询结果、非法用工查询结果和个人雇工查询结果。如图9-22～图9-24所示:

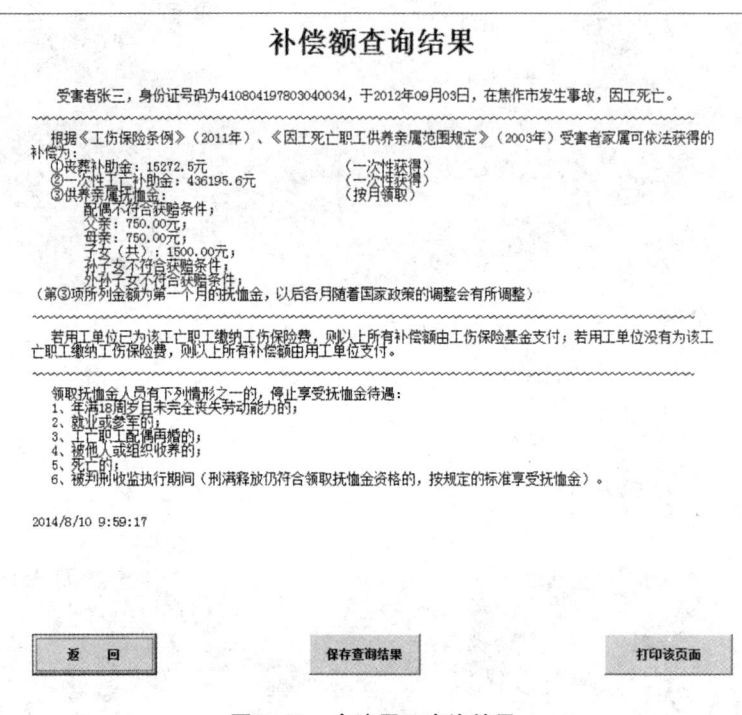

图9-22 合法用工查询结果

(1)合法用工查询结果

设计说明:该结果主要包括四部分:第一部分是受害者的基本信息;第二部分是工亡职工家属可依法获得的补偿额明细,其中丧葬补助金和一次性工亡补助金可一次性获得,供养亲属抚恤金依法应按月领取,并且以后随着国家政策的调整,抚恤金也会有所调整;第三部分是告诉用户以上补偿额应由谁支付;第四部分是向用户说明在哪种情况下工亡职工的亲属将停止享受抚恤金待遇。

(2)非法用工查询结果

设计说明:该结果主要包括三部分:第一部分是工亡职工的基本信息;第二部分是工亡职工家属可依法获得的总赔偿额和各单项赔偿额;第三部分是告知用户以上费用的支付对象及支付方式。

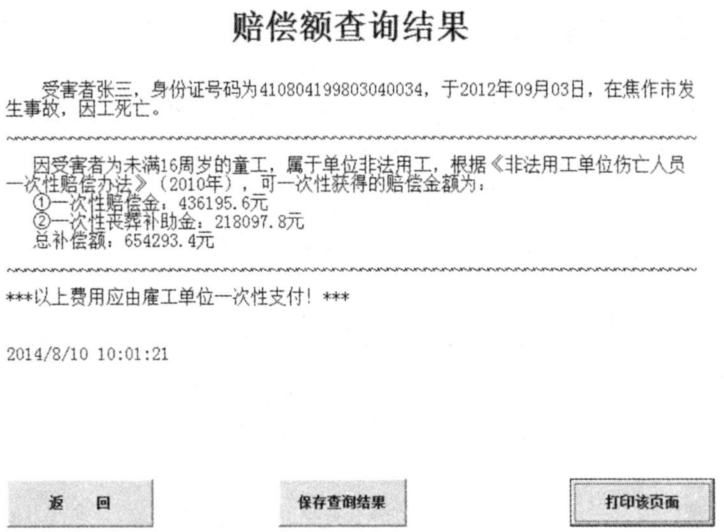

赔偿额查询结果

受害者张三,身份证号码为410804199803040034,于2012年09月03日,在焦作市发生事故,因工死亡。

因受害者为未满16周岁的童工,属于单位非法用工,根据《非法用工单位伤亡人员一次性赔偿办法》(2010年),可一次性获得的赔偿金额为:
①一次性赔偿金:436195.6元
②一次性丧葬补助金:218097.8元
总补偿额:654293.4元

以上费用应由雇工单位一次性支付!

2014/8/10 10:01:21

[返 回] [保存查询结果] [打印该页面]

图 9-23　非法用工查询结果

(3)个人雇工查询结果

设计说明:该结果同样主要包括三部分:第一部分是工亡职工的基本信息;第二部分是工亡职工家属可依法获得的补偿额明细,其中被扶养人生活费是受害者家属依法可获得的最高赔偿额,具体到某个案例的补偿额可能会低于此值;第三部分也是告知用户以上补偿额的支付对象和支付方式。

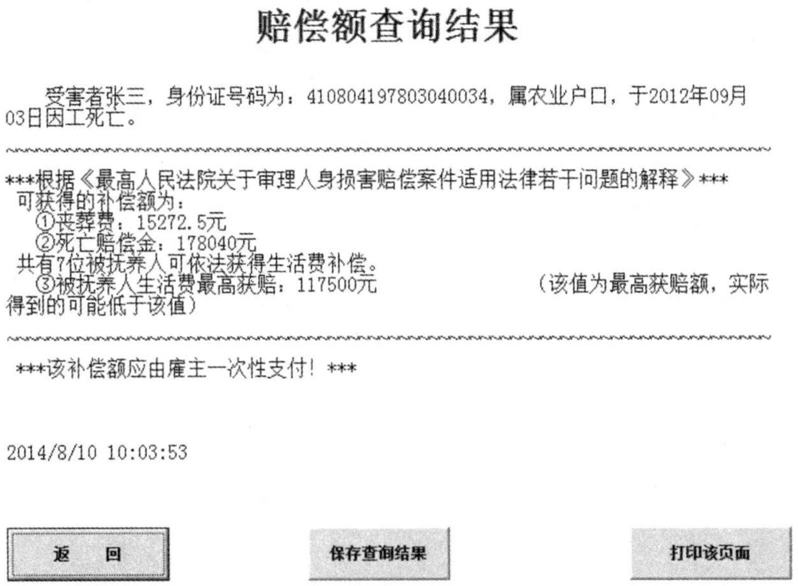

赔偿额查询结果

受害者张三,身份证号码为:410804197803040034,属农业户口,于2012年09月03日因工死亡。

根据《最高人民法院关于审理人身损害赔偿案件适用法律若干问题的解释》
可获得的补偿额为:
①丧葬费:15272.5元
②死亡赔偿金:178040元
共有7位被抚养人可依法获得生活费补偿。
③被抚养人生活费最高获赔:117500元　　　(该值为最高获赔额,实际得到的可能低于该值)

该补偿额应由雇主一次性支付!

2014/8/10 10:03:53

[返 回] [保存查询结果] [打印该页面]

图 9-24　个人雇工查询结果

9.5 系统数据库设计

本文开发的建筑业工亡补偿查询系统是一个计算类软件,计算时所用的数据主要是河南省统计年鉴中统计的各市 2010~2012 年的相关数据和国家统计年鉴中 2010~2012 年的全国城镇居民人均可支配收入等。存储这些数据时所选用的数据库为 Microsoft office Access 2003。该系统设计的数据库主要包括 6 个表,如表 9-1 所示。

表 9-1 数据库划分

序号	表名	说明	字段名	数据类型
1	czxfzc	城镇居民人均消费性支出	市,2010,2011,2012	货币
2	czzpsr	城镇居民人均可支配收入		
3	ncrjsr	农村居民人均纯收入		
4	ncxfzc	农村居民人均年生活消费支出		
5	qgczzpsr	全国城镇居民人均可支配收入		
6	zgpjgz	统筹地区在岗职工年平均工资		

第10章 系统测试

10.1 系统测试目的和意义

虽然建筑业工亡补偿查询系统开发过程中,严格遵守了软件工程的设计流程,经历了系统分析、系统设计等阶段,但是由于工亡赔偿计算判断的复杂性,开发完成的系统不可避免地会存在一些纰漏和瑕疵,如果将未经严格测试的系统直接投入到实际工作中使用,可能会对使用者起到误导作用,影响建筑业市场的稳定秩序。因此,使用前,进行系统测试对保证系统质量和可靠性具有重要作用。相关资料统计表明,软件测试在整个系统开发过程中所占比例为40%以上,高质量测试是保证软件质量的前提。系统测试的主要目的和意义就是希望以最低的成本找出系统开发过程中存在的各种不足,以保证系统运行的可靠性。

10.2 系统测试方法

软件系统的测试方法有很多,比如常用的有黑盒测试、白盒测试、用户界面测试、兼容性测试、动态测试、单元测试、集成测试等方法,选择好的测试方法,可以使测试达到事半功倍的效果。本文在对河南省建筑业工亡补偿查询系统测试时主要选择黑盒测试、界面测试、兼容性测试三种测试方法。

黑盒测试法又称功能测试或数据驱动测试,它完全不管程序内部的结构和处理,把程序看成一个黑盒子,只按程序的功能和性能测试程序能否正常完成信息的输入和结果的输出,即程序是否完成了应有的功能。

用户界面测试主要是测试系统的界面设计是否友好,用词是否准确、易懂,图片使用是否恰当,整体设计是否协调,使用是否简便等,主要包括用户友好性、容错性、易操作性测试等。

兼容性测试是测试系统能否被安装在不同软硬件配置的电脑上正常运行。

10.3 系统测试内容

10.3.1 查询结果种类的测试

测试目的:测试该系统能否包括前文所说的全部查询情况,即测试该系统的完整性。

测试手段:对前文说的全部情况,分别假设一个案例,输入相关信息进行一一试验,看系统能否运行并计算出结果。

测试结果:系统能够完成上述所说的全部查询情况,并计算出相应的补偿额,达到了测试目的。

10.3.2 系统准确性测试

测试目的:测试系统的计算结果是否与手工计算结果相同

测试手段:选取三个典型的建筑业工亡案例,分别进行手工计算与系统计算,并比较计算结果。

测试过程:

假设案例一(合法用工):张三为河南省郑州市某施工单位的一名普通员工,2011年10月9日在郑州市某一工地施工时不幸发生工亡事故,并当场死亡。张三本人及由其生前提供主要生活来源的家属的基本信息分别为:张三,来自农村,身份证号码410804197803020034,工作期间该建筑公司未为其缴纳工伤保险费,月平均工资为3500元/月,已婚;配偶,31周岁,有劳动能力;父亲,61周岁,已无任何劳动能力;母亲,57周岁,未完全丧失劳动能力;儿子,10周岁,不具有劳动能力;女儿,7周岁,不具有劳动能力。系统计算过程及结果如表10-1所示。

手工计算结果:丧葬补助金16227.5元,一次性工亡补助金382188.8元,第一个月的供养亲属抚恤金共计3500元,其中,父亲875元,母亲875元,子女共1750元。

假设案例二(非法用工):李四为河南省洛阳市伊川县某村村民,2012年7月份由同村村民刘某雇佣在洛阳市某道路修建工程中施工,于同年8月10日在A段路施工时不幸发生安全事故,并经抢救无效当天死亡。李四本人及其家属的基本信息为:李四,身份证号码410329199809020052,月平均工资为2800元/月,未婚;父亲,40周岁,未完全丧失劳动能力;母亲38周岁,未完全丧失劳动能力。系统计算过程及结果如表10-2所示。

表 10-1 合法用工时的系统计算过程及结果

测试者	信息输入	查询结果
王某某	1. 工亡职工的工作情况 工亡职工所属的用工主体:单位／公司 2. 工亡职工本人信息 姓名:张三 身份证号码:410804197803020034 死亡日期:20111009 事故发生地:郑州市 月平均工资:3500元／月 3. 供养亲属信息 配偶年龄:31周岁,未完全丧失劳动能力 父亲完全丧失劳动能力 母亲未完全丧失劳动能力,57周岁 子女不满18周岁子女数量为2	丧葬补助金:16227.5元 一次性工亡补助金:382188.8元; 第一个月可获得的供养亲属抚恤金分别为:父亲875元,母亲875元,子女共1750元,配偶不符合获赔条件

表 10-2 非法用工时的系统计算过程及结果

测试者	信息输入	查询结果
程某某	1. 工亡职工的工作情况 工亡职工所属的用工主体:单位／公司 2. 工亡职工本人信息 姓名:李四 身份证号码:410329199809020052 死亡日期:20120810 事故发生地:洛阳市	一次性赔偿金:436195.6元 一次性丧葬补助金:218097.8元 总补偿额:654293.4元

手工计算结果:一次性赔偿金436195.6元,一次性丧葬补助金218097.8元,共计654293.4元。

假设案例三(个人雇工):王五为河南省安阳市滑县某村村民,2013年4月由本村村民陈某雇佣,在陈某自己修建的养鸡场中负责运送水泥打下手之类的杂活,4月28日的上午,当王五运送水泥经过正在架梁施工的下方时,大梁突然掉落并刚好砸在路过的王五头部,由于伤势严重,王五当场死亡。王五本人及由其生前提供主要生活来源的被扶养人信息为:王五,身份证号码410526196509070035,月平均工资为3000元／月,已婚;配偶,43周岁,未完全丧失劳动能力,父亲,76周岁,已完全丧失劳动能力;母亲,73周岁,已完全丧失劳动能力;女儿,19周岁,就读于某大学;儿子,15周岁,不具备劳动能力。系统计算过程及结果如表10-3所示。

表 10-3　个人雇工时的系统计算过程及结果

测试者	信息输入	查询结果
李某某	1. 工亡职工的工作情况 工亡职工所属的用工主体:个人 从事的工作对象:个人自建工程 2. 工亡职工本人信息 姓名:王五 身份证号码:410526196509070035 死亡日期:20130428 户籍性质:农业 受诉法院所在地:无 有无被扶养人:有 3. 被扶养人信息 18 周岁(不含 18 周岁)以下人数:1,最小年龄 15 18~60 周岁人数:2 60~75 周岁人数:1,最小年龄 73 75 周岁以上人数:1	丧葬费:11815 元 死亡赔偿金:121040 元 被扶养人生活费最高获赔:86580 元

手工计算结果:丧葬费 11815 元,死亡赔偿金 121040 元,被扶养人生活费 86580 元。

测试结果:上述三种用工行为下的系统查询结果与手工计算结果均相同,达到了测试目的。

10.3.3　方便性测试

测试目的:检测用户在使用该系统时是否简便。

测试手段:任意选取若干用户对该系统进行试用,并总结他们反馈的结果。

测试结果:经试用,用户普遍反映该系统操作简便,无须培训即会使用,且在操作过程中,大部分的信息输入采用点击选择的方式,手写输入的较少,操作起来非常方便、快捷,达到了测试目的。

10.3.4　容错性测试

测试目的:测试系统对用户输入的错误信息或不完整信息能否及时做出反应,并反馈给用户。

测试手段:在工亡职工身份证号码填写处分别输入 410804197802030034(河南省),311304197802030034(其他省),4108041978020300(17 位)、%、&、*(符号),你好(文字)等;在输入信息时,少输或不输信息,点击"确定"或"下一步"。

测试结果:当输入正确的河南省身份证号码时,系统将不做出任何提示;当输入其他省份的号码时,系统会自动弹出一个"提示"框,提示用户输入"河南省内的第二代居民身份证号";当用户输入的身份证号码为 17 位时,系统会提示用户"身份证号码输入错误,请输入 18 位第二代身份证号码";当输入一些符号或文字时,系统会提示用户"文本框中只能输入数字";当不输或少输信息,点击"确定"或"下一步"时,系统会提示用户"有未填写信息,请完善后再重试";总之,系统对用户输入的错误信息或不完整信息能够及时做出提示,达到了测试目的。

10.3.5 兼容性测试

测试目的:检测系统能否被成功安装在指定的软硬件平台上,并正常运行。

测试手段:将该系统分别安装在操作系统为 windows xp、windows 7、windows 8 的台式电脑和笔记本电脑上,进行试用。

测试结果:该系统在以上不同操作系统的台式电脑和笔记本电脑上都能很好地运行,达到了测试目的。

10.4 系统测试结果分析

通过对系统查询种类、准确性、方便性、容错性和兼容性的测试,测试结果表明:

(1)本文开发的建筑业工亡补偿查询系统能够实现对实际生活中所有建筑业工亡案例的计算,并且计算结果与手工计算结果完全相同,达到了系统开发最根本的要求;

(2)该系统界面设计友好,能够保证与用户的顺利交流,用户操作起来方便、快捷;

(3)该系统具有很好的提示功能,不仅可以提醒用户准确输入相关信息,而且,对于用户的不合理、失效的输入信息也能及时做出判断,并提示用户再次输入正确的信息;

(4)该系统在不同操作系统、不同配置的台式电脑和笔记本电脑上均能正常运行,具有很好的兼容性,满足了系统的软硬件需求。

总而言之,通过这次测试,建筑业工亡补偿查询系统很好地实现了其预期要求,实现了研究者要求的社会公益性、界面友好、易操作、易维护的开发目标和合法性、准确性、方便性、可靠性等的要求。

第 11 章 结论及展望

11.1 结论

本文通过分析中国农村剩余劳动力的工作现状,发现建筑业是一个吸收剩余劳动力的主要行业,但由于建筑业规模大、风险高、施工环境差等特点,使其成为一个事故频发的高危行业。通过对安全事故赔偿案例的研究发现,大多数受害者及其家属在这些事故中获得的补偿额远低于相关法律法规规定的补偿额,尤其是那些来自农村,受教育程度低、缺少法律知识,属于弱势群体的农民工们,他们的合法权益根本没有得到很好的保障。

针对上述情况,为了使受害者能够得到合理的补偿,本文将建筑业的工亡补偿问题与计算机技术结合起来,开发出了一个建筑业工亡补偿查询系统。该系统作为一个社会公益性软件,最主要的开发目的就是满足社会大众,尤其是农民工的需求,帮助他们在不熟悉相关法律法规的情况下也能快速而有效地查询到相关的补偿额。

主要完成了以下工作:

(1) 分析了建筑业工亡补偿查询系统的开发背景、了解了工伤赔偿的研究现状,确定了本文的系统开发目标;

(2) 通过大量收集工亡补偿实际案例,并查阅计算工亡补偿额的相关法律法规,确定了建筑业的不同用工行为,及不同用工行为所适用的赔(补)偿计算标准;

(3) 对工亡补偿额的理论计算做了深入分析,解决了系统设计与法律法规融合的问题,为系统开发提供了理论支持;

(4) 进行了对系统开发的可行性分析和需求分析,并确定了 Microsoft office Access 2003 作为系统数据库平台,Microsoft VB 6.0 作为系统开发平台;

(5) 创建了数据库表,并进行了系统界面设计和优化,设计出了独具特色的系统界面,将难以理解的法律条文转换成通俗易懂的普通术语;

(6) 完成了对系统的编程,并进行了测试和优化,证明了本系统的可行性,实现了开发目标。

本文开发的系统最大的特点就是面向对象广泛、操作简单、界面友好、使用方便。

11.2　存在的问题及展望

虽然,建筑业工亡补偿查询系统已经开发完成,可以进行实际应用,但由于相关法律法规的不完善以及开发者本人的能力有限,该系统在设计过程中仍存在一些问题。比如,在计算合法用工的供养亲属抚恤金时,没有考虑孤寡老人与孤儿的情况,可能会造成用户查到的补偿额低于其真实值,而对他们产生误导;对个人雇工中被扶养人生活费的计算值比较粗略,没能很明确地告诉用户补偿额,可能达不到很好的效果;对三种用工行为的划分也比较笼统,可能会漏掉实际工作中的一些情况。另外,由于该系统主要以国家的相关法律法规为计算依据,随着时间的推移和国家有关政策的变化,本系统也需要随时做出改变,因此,从某种意义上说,该系统具有一定的时效性。

该系统目前只适用于河南省的建筑业,且只能作为一个单机版程序运行在电脑上,并不能够真正满足所有社会大众的需求,因此,未来该系统可以对如下方面继续完善:

(1)扩大计算范围,不仅可以计算工亡,还可以计算工伤等其他情况;

(2)扩大适用范围,使全国的各行各业都能使用;

(3)扩展成多个版本,扩大其使用途径。可以将系统与网络连接,升级为网络版;将系统与智能手机安卓系统相兼容,扩展为手机版,从而方便更多用户使用。

附 录

附录1 《关于确立劳动关系有关事项的通知》

2005年5月25日劳动和社会保障部劳社部发〔2005〕12号

各省、自治区、直辖市劳动和社会保障厅(局):

近一个时期,一些地方反映部分用人单位招用劳动者不签订劳动合同,发生劳动争议时因双方劳动关系难以确定,致使劳动者合法权益难以维护,对劳动关系的和谐稳定带来不利影响。为规范用人单位用工行为,保护劳动者合法权益,促进社会稳定,现就用人单位与劳动者确立劳动关系的有关事项通知如下:

一、用人单位招用劳动者未订立书面劳动合同,但同时具备下列情形的,劳动关系成立。

(一)用人单位和劳动者符合法律、法规规定的主体资格;

(二)用人单位依法制定的各项劳动规章制度适用于劳动者,劳动者受用人单位的劳动管理,从事用人单位安排的有报酬的劳动;

(三)劳动者提供的劳动是用人单位业务的组成部分。

二、用人单位未与劳动者签订劳动合同,认定双方存在劳动关系时可参照下列凭证:

(一)工资支付凭证或记录(职工工资发放花名册)、缴纳各项社会保险费的记录;

(二)用人单位向劳动者发放的"工作证""服务证"等能够证明身份的证件;

(三)劳动者填写的用人单位招工招聘"登记表""报名表"等招用记录;

(四)考勤记录;

(五)其他劳动者的证言等。

其中,(一)、(三)、(四)项的有关凭证由用人单位负举证责任。

三、用人单位招用劳动者符合第一条规定的情形的,用人单位应当与劳动者补签劳动合同,劳动合同期限由双方协商确定。协商不一致的,任何一方均可提出终止劳动关系,但对符合签订无固定期限劳动合同条件的劳动者,如果劳动者提出订立无固定期限劳动合同,用人单位应当订立。

用人单位提出终止劳动关系的,应当按照劳动者在本单位工作年限每满一年支付一个月工资的经济补偿金。

四、建筑施工、矿山企业等用人单位将工程(业务)或经营权发包给不具备用工主体资格的组织或自然人,对该组织或自然人招用的劳动者,由具备用工主体资格的发包方承担用工主体责任。

五、劳动者与用人单位就是否存在劳动关系引发争议的,可以向有管辖权的劳动争议仲裁委员会申请仲裁。

附录2 《工伤保险条例》

2003年4月27日国务院令第375号发布,自2004年1月1日起施行;
2010年12月20日国务院令第586号公布修订版,自2011年1月1日生效。

第一章 总则

第一条 为了保障因工作遭受事故伤害或者患职业病的职工获得医疗救治和经济补偿,促进工伤预防和职业康复,分散用人单位的工伤风险,制定本条例。

第二条 中华人民共和国境内的企业、事业单位、社会团体、民办非企业单位、基金会、律师事务所、会计师事务所等组织和有雇工的个体工商户(以下称用人单位)应当依照本条例规定参加工伤保险,为本单位全部职工或者雇工(以下称职工)缴纳工伤保险费。

中华人民共和国境内的企业、事业单位、社会团体、民办非企业单位、基金会、律师事务所、会计师事务所等组织的职工和个体工商户的雇工,均有依照本条例的规定享受工伤保险待遇的权利。

第三条 工伤保险费的征缴按照《社会保险费征缴暂行条例》关于基本养老保险费、基本医疗保险费、失业保险费的征缴规定执行。

第四条 用人单位应当将参加工伤保险的有关情况在本单位内公示。

用人单位和职工应当遵守有关安全生产和职业病防治的法律法规,执行安全卫生规程和标准,预防工伤事故发生,避免和减少职业病危害。

职工发生工伤时,用人单位应当采取措施使工伤职工得到及时救治。

第五条 国务院社会保险行政部门负责全国的工伤保险工作。

县级以上地方各级人民政府社会保险行政部门负责本行政区域内的工伤保险工作。

社会保险行政部门按照国务院有关规定设立的社会保险经办机构(以下称经办机构)具体承办工伤保险事务。

第六条 社会保险行政部门等部门制定工伤保险的政策、标准,应当征求工会组织、用人单位代表的意见。

第二章 工伤保险基金

第七条 工伤保险基金由用人单位缴纳的工伤保险费、工伤保险基金的利息和依法纳入工伤保险基金的其他资金构成。

第八条 工伤保险费根据以支定收、收支平衡的原则,确定费率。

国家根据不同行业的工伤风险程度确定行业的差别费率,并根据工伤保险费使用、工伤发生率等情况在每个行业内确定若干费率档次。行业差别费率及行业内费率档次由国务院社会保险行政部门制定,报国务院批准后公布施行。

统筹地区经办机构根据用人单位工伤保险费使用、工伤发生率等情况,适用所属行业内相应的费率档次确定单位缴费费率。

第九条　国务院社会保险行政部门应当定期了解全国各统筹地区工伤保险基金收支情况,及时提出调整行业差别费率及行业内费率档次的方案,报国务院批准后公布施行。

第十条　用人单位应当按时缴纳工伤保险费。职工个人不缴纳工伤保险费。

用人单位缴纳工伤保险费的数额为本单位职工工资总额乘以单位缴费费率之积。

对难以按照工资总额缴纳工伤保险费的行业,其缴纳工伤保险费的具体方式,由国务院社会保险行政部门规定。

第十一条　工伤保险基金逐步实行省级统筹。

跨地区、生产流动性较大的行业,可以采取相对集中的方式异地参加统筹地区的工伤保险。具体办法由国务院社会保险行政部门会同有关行业的主管部门制定。

第十二条　工伤保险基金存入社会保障基金财政专户,用于本条例规定的工伤保险待遇,劳动能力鉴定,工伤预防的宣传、培训等费用,以及法律、法规规定的用于工伤保险的其他费用的支付。

工伤预防费用的提取比例、使用和管理的具体办法,由国务院社会保险行政部门会同国务院财政、卫生行政、安全生产监督管理等部门规定。

任何单位或者个人不得将工伤保险基金用于投资运营、兴建或者改建办公场所、发放奖金,或者挪作其他用途。

第十三条　工伤保险基金应当留有一定比例的储备金,用于统筹地区重大事故的工伤保险待遇支付;储备金不足支付的,由统筹地区的人民政府垫付。储备金占基金总额的具体比例和储备金的使用办法,由省、自治区、直辖市人民政府规定。

第三章　工伤认定

第十四条　职工有下列情形之一的,应当认定为工伤:

(一)在工作时间和工作场所内,因工作原因受到事故伤害的;

(二)工作时间前后在工作场所内,从事与工作有关的预备性或者收尾性工作受到事故伤害的;

(三)在工作时间和工作场所内,因履行工作职责受到暴力等意外伤害的;

(四)患职业病的;

(五)因工外出期间,由于工作原因受到伤害或者发生事故下落不明的;

(六)在上下班途中,受到非本人主要责任的交通事故或者城市轨道交通、客运轮渡、火车事故伤害的;

(七)法律、行政法规规定应当认定为工伤的其他情形。

第十五条　职工有下列情形之一的,视同工伤:

(一)在工作时间和工作岗位,突发疾病死亡或者在48小时之内经抢救无效死亡的;

(二)在抢险救灾等维护国家利益、公共利益活动中受到伤害的;

(三)职工原在军队服役,因战、因公负伤致残,已取得革命伤残军人证,到用人单位后旧伤复发的。

职工有前款第(一)项、第(二)项情形的,按照本条例的有关规定享受工伤保险待遇;职工有前款第(三)项情形的,按照本条例的有关规定享受除一次性伤残补助金以外的工伤保险待遇。

第十六条 职工符合本条例第十四条、第十五条的规定,但是有下列情形之一的,不得认定为工伤或者视同工伤:

(一)故意犯罪的;

(二)醉酒或者吸毒的;

(三)自残或者自杀的。

第十七条 职工发生事故伤害或者按照职业病防治法规定被诊断、鉴定为职业病,所在单位应当自事故伤害发生之日或者被诊断、鉴定为职业病之日起30日内,向统筹地区社会保险行政部门提出工伤认定申请。遇有特殊情况,经报社会保险行政部门同意,申请时限可以适当延长。

用人单位未按前款规定提出工伤认定申请的,工伤职工或者其近亲属、工会组织在事故伤害发生之日或者被诊断、鉴定为职业病之日起1年内,可以直接向用人单位所在地统筹地区社会保险行政部门提出工伤认定申请。

按照本条第一款规定应当由省级社会保险行政部门进行工伤认定的事项,根据属地原则由用人单位所在地的设区的市级社会保险行政部门办理。

用人单位未在本条第一款规定的时限内提交工伤认定申请,在此期间发生符合本条例规定的工伤待遇等有关费用由该用人单位负担。

第十八条 提出工伤认定申请应当提交下列材料:

(一)工伤认定申请表;

(二)与用人单位存在劳动关系(包括事实劳动关系)的证明材料;

(三)医疗诊断证明或者职业病诊断证明书(或者职业病诊断鉴定书)。

工伤认定申请表应当包括事故发生的时间、地点、原因以及职工伤害程度等基本情况

工伤认定申请人提供材料不完整的,社会保险行政部门应当一次性书面告知工伤认定申请人需要补正的全部材料。申请人按照书面告知要求补正材料后,社会保险行政部门应当受理。

第十九条 社会保险行政部门受理工伤认定申请后,根据审核需要可以对事故伤害进行调查核实,用人单位、职工、工会组织、医疗机构以及有关部门应当予以协助。职业病诊断和诊断争议的鉴定,依照职业病防治法的有关规定执行。对依法取得职业病诊断证明书或者职业病诊断鉴定书的,社会保险行政部门不再进行调查核实。

职工或者其近亲属认为是工伤,用人单位不认为是工伤的,由用人单位承担举证责任

第二十条 社会保险行政部门应当自受理工伤认定申请之日起60日内作出工伤认定的决定,并书面通知申请工伤认定的职工或者其近亲属和该职工所在单位。

社会保险行政部门对受理的事实清楚、权利义务明确的工伤认定申请,应当在15日内作出工伤认定的决定。

作出工伤认定决定需要以司法机关或者有关行政主管部门的结论为依据的,在司法机关或者有关行政主管部门尚未作出结论期间,作出工伤认定决定的时限中止。

社会保险行政部门工作人员与工伤认定申请人有利害关系的,应当回避。

第四章 劳动能力鉴定

第二十一条 职工发生工伤,经治疗伤情相对稳定后存在残疾、影响劳动能力的,应当进行劳动能力鉴定。

第二十二条 劳动能力鉴定是指劳动功能障碍程度和生活自理障碍程度的等级鉴定。

劳动功能障碍分为十个伤残等级,最重的为一级,最轻的为十级。

生活自理障碍分为三个等级:生活完全不能自理、生活大部分不能自理和生活部分不能自理。

劳动能力鉴定标准由国务院社会保险行政部门会同国务院卫生行政部门等部门制定。

第二十三条 劳动能力鉴定由用人单位、工伤职工或者其近亲属向设区的市级劳动能力鉴定委员会提出申请,并提供工伤认定决定和职工工伤医疗的有关资料。

第二十四条 省、自治区、直辖市劳动能力鉴定委员会和设区的市级劳动能力鉴定委员会分别由省、自治区、直辖市和设区的市级社会保险行政部门、卫生行政部门、工会组织、经办机构代表以及用人单位代表组成。

劳动能力鉴定委员会建立医疗卫生专家库。列入专家库的医疗卫生专业技术人员应当具备下列条件:

(一)具有医疗卫生高级专业技术职务任职资格;

(二)掌握劳动能力鉴定的相关知识;

(三)具有良好的职业品德。

第二十五条 设区的市级劳动能力鉴定委员会收到劳动能力鉴定申请后,应当从其建立的医疗卫生专家库中随机抽取3名或者5名相关专家组成专家组,由专家组提出鉴定意见。设区的市级劳动能力鉴定委员会根据专家组的鉴定意见作出工伤职工劳动能力鉴定结论;必要时,可以委托具备资格的医疗机构协助进行有关的诊断。

设区的市级劳动能力鉴定委员会应当自收到劳动能力鉴定申请之日起60日内作出劳动能力鉴定结论,必要时,作出劳动能力鉴定结论的期限可以延长30日。劳动能力鉴定结论应当及时送达申请鉴定的单位和个人。

第二十六条 申请鉴定的单位或者个人对设区的市级劳动能力鉴定委员会作出的鉴定结论不服的,可以在收到该鉴定结论之日起15日内向省、自治区、直辖市劳动能力鉴定委员会提出再次鉴定申请。省、自治区、直辖市劳动能力鉴定委员会作出的劳动能力鉴定结论为最终结论。

第二十七条　劳动能力鉴定工作应当客观、公正。劳动能力鉴定委员会组成人员或者参加鉴定的专家与当事人有利害关系的,应当回避。

第二十八条　自劳动能力鉴定结论作出之日起1年后,工伤职工或者其近亲属、所在单位或者经办机构认为伤残情况发生变化的,可以申请劳动能力复查鉴定。

第二十九条　劳动能力鉴定委员会依照本条例第二十六条和第二十八条的规定进行再次鉴定和复查鉴定的期限,依照本条例第二十五条第二款的规定执行。

第五章　工伤保险待遇

第三十条　职工因工作遭受事故伤害或者患职业病进行治疗,享受工伤医疗待遇。

职工治疗工伤应当在签订服务协议的医疗机构就医,情况紧急时可以先到就近的医疗机构急救。

治疗工伤所需费用符合工伤保险诊疗项目目录、工伤保险药品目录、工伤保险住院服务标准的,从工伤保险基金支付。工伤保险诊疗项目目录、工伤保险药品目录、工伤保险住院服务标准,由国务院社会保险行政部门会同国务院卫生行政部门、食品药品监督管理部门等部门规定。

职工住院治疗工伤的伙食补助费,以及经医疗机构出具证明,报经办机构同意,工伤职工到统筹地区以外就医所需的交通、食宿费用从工伤保险基金支付,基金支付的具体标准由统筹地区人民政府规定。

工伤职工治疗非工伤引发的疾病,不享受工伤医疗待遇,按照基本医疗保险办法处理。

工伤职工到签订服务协议的医疗机构进行工伤康复的费用,符合规定的,从工伤保险基金支付。

第三十一条　社会保险行政部门作出认定为工伤的决定后发生行政复议、行政诉讼的,行政复议和行政诉讼期间不停止支付工伤职工治疗工伤的医疗费用。

第三十二条　工伤职工因日常生活或者就业需要,经劳动能力鉴定委员会确认,可以安装假肢、矫形器、假眼、假牙和配置轮椅等辅助器具,所需费用按照国家规定的标准从工伤保险基金支付。

第三十三条　职工因工作遭受事故伤害或者患职业病需要暂停工作接受工伤医疗的,在停工留薪期内,原工资福利待遇不变,由所在单位按月支付。

停工留薪期一般不超过12个月。伤情严重或者情况特殊,经设区的市级劳动能力鉴定委员会确认,可以适当延长,但延长不得超过12个月。工伤职工评定伤残等级后,停发原待遇,按照本章的有关规定享受伤残待遇。工伤职工在停工留薪期满后仍需治疗的,继续享受工伤医疗待遇。

生活不能自理的工伤职工在停工留薪期需要护理的,由所在单位负责。

第三十四条　工伤职工已经评定伤残等级并经劳动能力鉴定委员会确认需要生活护理的,从工伤保险基金按月支付生活护理费。

生活护理费按照生活完全不能自理、生活大部分不能自理或者生活部分不能自理

3个不同等级支付,其标准分别为统筹地区上年度职工月平均工资的50%、40%或者30%。

第三十五条 职工因工致残被鉴定为一级至四级伤残的,保留劳动关系,退出工作岗位,享受以下待遇:

(一)从工伤保险基金按伤残等级支付一次性伤残补助金,标准为:一级伤残为27个月的本人工资,二级伤残为25个月的本人工资,三级伤残为23个月的本人工资,四级伤残为21个月的本人工资;

(二)从工伤保险基金按月支付伤残津贴,标准为:一级伤残为本人工资的90%,二级伤残为本人工资的85%,三级伤残为本人工资的80%,四级伤残为本人工资的75%。伤残津贴实际金额低于当地最低工资标准的,由工伤保险基金补足差额;

(三)工伤职工达到退休年龄并办理退休手续后,停发伤残津贴,按照国家有关规定享受基本养老保险待遇。基本养老保险待遇低于伤残津贴的,由工伤保险基金补足差额。

职工因工致残被鉴定为一级至四级伤残的,由用人单位和职工个人以伤残津贴为基数,缴纳基本医疗保险费。

第三十六条 职工因工致残被鉴定为五级、六级伤残的,享受以下待遇:

(一)从工伤保险基金按伤残等级支付一次性伤残补助金,标准为:五级伤残为18个月的本人工资,六级伤残为16个月的本人工资;

(二)保留与用人单位的劳动关系,由用人单位安排适当工作。难以安排工作的,由用人单位按月发给伤残津贴,标准为:五级伤残为本人工资的70%,六级伤残为本人工资的60%,并由用人单位按照规定为其缴纳应缴纳的各项社会保险费。伤残津贴实际金额低于当地最低工资标准的,由用人单位补足差额。

经工伤职工本人提出,该职工可以与用人单位解除或者终止劳动关系,由工伤保险基金支付一次性工伤医疗补助金,由用人单位支付一次性伤残就业补助金。一次性工伤医疗补助金和一次性伤残就业补助金的具体标准由省、自治区、直辖市人民政府规定。

第三十七条 职工因工致残被鉴定为七级至十级伤残的,享受以下待遇:

(一)从工伤保险基金按伤残等级支付一次性伤残补助金,标准为:七级伤残为13个月的本人工资,八级伤残为11个月的本人工资,九级伤残为9个月的本人工资,十级伤残为7个月的本人工资;

(二)劳动、聘用合同期满终止,或者职工本人提出解除劳动、聘用合同的,由工伤保险基金支付一次性工伤医疗补助金,由用人单位支付一次性伤残就业补助金。一次性工伤医疗补助金和一次性伤残就业补助金的具体标准由省、自治区、直辖市人民政府规定。

第三十八条 工伤职工工伤复发,确认需要治疗的,享受本条例第三十条、第三十二条和第三十三条规定的工伤待遇。

第三十九条 职工因工死亡,其近亲属按照下列规定从工伤保险基金领取丧葬补助金、供养亲属抚恤金和一次性工亡补助金:

(一)丧葬补助金为6个月的统筹地区上年度职工月平均工资;

(二)供养亲属抚恤金按照职工本人工资的一定比例发给由因工死亡职工生前提供

主要生活来源、无劳动能力的亲属。标准为：配偶每月40%，其他亲属每人每月30%，孤寡老人或者孤儿每人每月在上述标准的基础上增加10%。核定的各供养亲属的抚恤金之和不应高于因工死亡职工生前的工资。供养亲属的具体范围由国务院社会保险行政部门规定；

（三）一次性工亡补助金标准为上一年度全国城镇居民人均可支配收入的20倍。

伤残职工在停工留薪期内因工伤导致死亡的，其近亲属享受本条第一款规定的待遇。

一级至四级伤残职工在停工留薪期满后死亡的，其近亲属可以享受本条第一款第（一）项、第（二）项规定的待遇。

第四十条　伤残津贴、供养亲属抚恤金、生活护理费由统筹地区社会保险行政部门根据职工平均工资和生活费用变化等情况适时调整。调整办法由省、自治区、直辖市人民政府规定。

第四十一条　职工因工外出期间发生事故或者在抢险救灾中下落不明的，从事故发生当月起3个月内照发工资，从第4个月起停发工资，由工伤保险基金向其供养亲属按月支付供养亲属抚恤金。生活有困难的，可以预支一次性工亡补助金的50%。职工被人民法院宣告死亡的，按照本条例第三十九条职工因工死亡的规定处理。

第四十二条　工伤职工有下列情形之一的，停止享受工伤保险待遇：

（一）丧失享受待遇条件的；

（二）拒不接受劳动能力鉴定的；

（三）拒绝治疗的。

第四十三条　用人单位分立、合并、转让的，承继单位应当承担原用人单位的工伤保险责任；原用人单位已经参加工伤保险的，承继单位应当到当地经办机构办理工伤保险变更登记。

用人单位实行承包经营的，工伤保险责任由职工劳动关系所在单位承担。

职工被借调期间受到工伤事故伤害的，由原用人单位承担工伤保险责任，但原用人单位与借调单位可以约定补偿办法。

企业破产的，在破产清算时依法拨付应当由单位支付的工伤保险待遇费用。

第四十四条　职工被派遣出境工作，依据前往国家或者地区的法律应当参加当地工伤保险的，参加当地工伤保险，其国内工伤保险关系中止；不能参加当地工伤保险的，其国内工伤保险关系不中止。

第四十五条　职工再次发生工伤，根据规定应当享受伤残津贴的，按照新认定的伤残等级享受伤残津贴待遇。

第六章　监督管理

第四十六条　经办机构具体承办工伤保险事务，履行下列职责：

（一）根据省、自治区、直辖市人民政府规定，征收工伤保险费；

（二）核查用人单位的工资总额和职工人数，办理工伤保险登记，并负责保存用人单位缴费和职工享受工伤保险待遇情况的记录；

（三）进行工伤保险的调查、统计；

（四）按照规定管理工伤保险基金的支出；

（五）按照规定核定工伤保险待遇；

（六）为工伤职工或者其近亲属免费提供咨询服务。

第四十七条　经办机构与医疗机构、辅助器具配置机构在平等协商的基础上签订服务协议，并公布签订服务协议的医疗机构、辅助器具配置机构的名单。具体办法由国务院社会保险行政部门分别会同国务院卫生行政部门、民政部门等部门制定。

第四十八条　经办机构按照协议和国家有关目录、标准对工伤职工医疗费用、康复费用、辅助器具费用的使用情况进行核查，并按时足额结算费用。

第四十九条　经办机构应当定期公布工伤保险基金的收支情况，及时向社会保险行政部门提出调整费率的建议。

第五十条　社会保险行政部门、经办机构应当定期听取工伤职工、医疗机构、辅助器具配置机构以及社会各界对改进工伤保险工作的意见。

第五十一条　社会保险行政部门依法对工伤保险费的征缴和工伤保险基金的支付情况进行监督检查。

财政部门和审计机关依法对工伤保险基金的收支、管理情况进行监督。

第五十二条　任何组织和个人对有关工伤保险的违法行为，有权举报。社会保险行政部门对举报应当及时调查，按照规定处理，并为举报人保密。

第五十三条　工会组织依法维护工伤职工的合法权益，对用人单位的工伤保险工作实行监督。

第五十四条　职工与用人单位发生工伤待遇方面的争议，按照处理劳动争议的有关规定处理。

第五十五条　有下列情形之一的，有关单位或者个人可以依法申请行政复议，也可以依法向人民法院提起行政诉讼：

（一）申请工伤认定的职工或者其近亲属、该职工所在单位对工伤认定申请不予受理的决定不服的；

（二）申请工伤认定的职工或者其近亲属、该职工所在单位对工伤认定结论不服的；

（三）用人单位对经办机构确定的单位缴费费率不服的；

（四）签订服务协议的医疗机构、辅助器具配置机构认为经办机构未履行有关协议或者规定的；

（五）工伤职工或者其近亲属对经办机构核定的工伤保险待遇有异议的。

第七章　法律责任

第五十六条　单位或者个人违反本条例第十二条规定挪用工伤保险基金，构成犯罪的，依法追究刑事责任；尚不构成犯罪的，依法给予处分或者纪律处分。被挪用的基金由社会保险行政部门追回，并入工伤保险基金；没收的违法所得依法上缴国库。

第五十七条　社会保险行政部门工作人员有下列情形之一的,依法给予处分;情节严重,构成犯罪的,依法追究刑事责任:

(一)无正当理由不受理工伤认定申请,或者弄虚作假将不符合工伤条件的人员认定为工伤职工的;

(二)未妥善保管申请工伤认定的证据材料,致使有关证据灭失的;

(三)收受当事人财物的。

第五十八条　经办机构有下列行为之一的,由社会保险行政部门责令改正,对直接负责的主管人员和其他责任人员依法给予纪律处分;情节严重,构成犯罪的,依法追究刑事责任;造成当事人经济损失的,由经办机构依法承担赔偿责任:

(一)未按规定保存用人单位缴费和职工享受工伤保险待遇情况记录的;

(二)不按规定核定工伤保险待遇的;

(三)收受当事人财物的。

第五十九条　医疗机构、辅助器具配置机构不按服务协议提供服务的,经办机构可以解除服务协议。

经办机构不按时足额结算费用的,由社会保险行政部门责令改正;医疗机构、辅助器具配置机构可以解除服务协议。

第六十条　用人单位、工伤职工或者其近亲属骗取工伤保险待遇,医疗机构、辅助器具配置机构骗取工伤保险基金支出的,由社会保险行政部门责令退还,处骗取金额2倍以上5倍以下的罚款;情节严重,构成犯罪的,依法追究刑事责任。

第六十一条　从事劳动能力鉴定的组织或者个人有下列情形之一的,由社会保险行政部门责令改正,处2000元以上1万元以下的罚款;情节严重,构成犯罪的,依法追究刑事责任:

(一)提供虚假鉴定意见的;

(二)提供虚假诊断证明的;

(三)收受当事人财物的。

第六十二条　用人单位依照本条例规定应当参加工伤保险而未参加的,由社会保险行政部门责令限期参加,补缴应当缴纳的工伤保险费,并自欠缴之日起,按日加收万分之五的滞纳金;逾期仍不缴纳的,处欠缴数额1倍以上3倍以下的罚款。

依照本条例规定应当参加工伤保险而未参加工伤保险的用人单位职工发生工伤的,由该用人单位按照本条例规定的工伤保险待遇项目和标准支付费用。

用人单位参加工伤保险并补缴应当缴纳的工伤保险费、滞纳金后,由工伤保险基金和用人单位依照本条例的规定支付新发生的费用。

第六十三条　用人单位违反本条例第十九条的规定,拒不协助社会保险行政部门对事故进行调查核实的,由社会保险行政部门责令改正,处2000元以上2万元以下的罚款。

第八章 附则

第六十四条 本条例所称工资总额,是指用人单位直接支付给本单位全部职工的劳动报酬总额。

本条例所称本人工资,是指工伤职工因工作遭受事故伤害或者患职业病前12个月平均月缴费工资。本人工资高于统筹地区职工平均工资300%的,按照统筹地区职工平均工资的300%计算;本人工资低于统筹地区职工平均工资60%的,按照统筹地区职工平均工资的60%计算。

第六十五条 公务员和参照公务员法管理的事业单位、社会团体的工作人员因工作遭受事故伤害或者患职业病的,由所在单位支付费用。具体办法由国务院社会保险行政部门会同国务院财政部门规定。

第六十六条 无营业执照或者未经依法登记、备案的单位以及被依法吊销营业执照或者撤销登记、备案的单位的职工受到事故伤害或者患职业病的,由该单位向伤残职工或者死亡职工的近亲属给予一次性赔偿,赔偿标准不得低于本条例规定的工伤保险待遇;用人单位不得使用童工,用人单位使用童工造成童工伤残、死亡的,由该单位向童工或者童工的近亲属给予一次性赔偿,赔偿标准不得低于本条例规定的工伤保险待遇。具体办法由国务院社会保险行政部门规定。

前款规定的伤残职工或者死亡职工的近亲属就赔偿数额与单位发生争议的,以及前款规定的童工或者童工的近亲属就赔偿数额与单位发生争议的,按照处理劳动争议的有关规定处理。

第六十七条 本条例自2004年1月1日起施行。本条例施行前已受到事故伤害或者患职业病的职工尚未完成工伤认定的,按照本条例的规定执行。

附录3 《工伤认定办法》

人力资源和社会保障部令第8号发布,自2011年1月1日起施行。

第一条　为规范工伤认定程序,依法进行工伤认定,维护当事人的合法权益,根据《工伤保险条例》的有关规定,制定本办法。

第二条　社会保险行政部门进行工伤认定按照本办法执行。

第三条　工伤认定应当客观公正、简捷方便,认定程序应当向社会公开。

第四条　职工发生事故伤害或者按照职业病防治法规定被诊断、鉴定为职业病,所在单位应当自事故伤害发生之日或者被诊断、鉴定为职业病之日起30日内,向统筹地区社会保险行政部门提出工伤认定申请。遇有特殊情况,经报社会保险行政部门同意,申请时限可以适当延长。

按照前款规定应当向省级社会保险行政部门提出工伤认定申请的,根据属地原则应当向用人单位所在地设区的市级社会保险行政部门提出。

第五条　用人单位未在规定的时限内提出工伤认定申请的,受伤害职工或者其近亲属、工会组织在事故伤害发生之日或者被诊断、鉴定为职业病之日起1年内,可以直接按照本办法第四条规定提出工伤认定申请。

第六条　提出工伤认定申请应当填写《工伤认定申请表》,并提交下列材料:

(一)劳动、聘用合同文本复印件或者与用人单位存在劳动关系(包括事实劳动关系)、人事关系的其他证明材料;

(二)医疗机构出具的受伤后诊断证明书或者职业病诊断证明书(或者职业病诊断鉴定书)。

第七条　工伤认定申请人提交的申请材料符合要求,属于社会保险行政部门管辖范围且在受理时限内的,社会保险行政部门应当受理。

第八条　社会保险行政部门收到工伤认定申请后,应当在15日内对申请人提交的材料进行审核,材料完整的,作出受理或者不予受理的决定;材料不完整的,应当以书面形式一次性告知申请人需要补正的全部材料。社会保险行政部门收到申请人提交的全部补正材料后,应当在15日内作出受理或者不予受理的决定。

社会保险行政部门决定受理的,应当出具《工伤认定申请受理决定书》;决定不予受理的,应当出具《工伤认定申请不予受理决定书》。

第九条　社会保险行政部门受理工伤认定申请后,可以根据需要对申请人提供的证据进行调查核实。

第十条　社会保险行政部门进行调查核实,应当由两名以上工作人员共同进行,并出示执行公务的证件。

第十一条　社会保险行政部门工作人员在工伤认定中,可以进行以下调查核实工作:

(一)根据工作需要,进入有关单位和事故现场;

(二)依法查阅与工伤认定有关的资料,询问有关人员并作出调查笔录;

（三）记录、录音、录像和复制与工伤认定有关的资料。调查核实工作的证据收集参照行政诉讼证据收集的有关规定执行。

第十二条　社会保险行政部门工作人员进行调查核实时,有关单位和个人应当予以协助。用人单位、工会组织、医疗机构以及有关部门应当负责安排相关人员配合工作,据实提供情况和证明材料。

第十三条　社会保险行政部门在进行工伤认定时,对申请人提供的符合国家有关规定的职业病诊断证明书或者职业病诊断鉴定书,不再进行调查核实。职业病诊断证明书或者职业病诊断鉴定书不符合国家规定的要求和格式的,社会保险行政部门可以要求出具证据部门重新提供。

第十四条　社会保险行政部门受理工伤认定申请后,可以根据工作需要,委托其他统筹地区的社会保险行政部门或者相关部门进行调查核实。

第十五条　社会保险行政部门工作人员进行调查核实时,应当履行下列义务：

（一）保守有关单位商业秘密以及个人隐私；

（二）为提供情况的有关人员保密。

第十六条　社会保险行政部门工作人员与工伤认定申请人有利害关系的,应当回避。

第十七条　职工或者其近亲属认为是工伤,用人单位不认为是工伤的,由该用人单位承担举证责任。用人单位拒不举证的,社会保险行政部门可以根据受伤害职工提供的证据或者调查取得的证据,依法作出工伤认定决定。

第十八条　社会保险行政部门应当自受理工伤认定申请之日起60日内作出工伤认定决定,出具《认定工伤决定书》或者《不予认定工伤决定书》。

第十九条　《认定工伤决定书》应当载明下列事项：

（一）用人单位全称；

（二）职工的姓名、性别、年龄、职业、身份证号码；

（三）受伤害部位、事故时间和诊断时间或职业病名称、受伤害经过和核实情况、医疗救治的基本情况和诊断结论；

（四）认定工伤或者视同工伤的依据；

（五）不服认定决定申请行政复议或者提起行政诉讼的部门和时限；

（六）作出认定工伤或者视同工伤决定的时间。

《不予认定工伤决定书》应当载明下列事项：

（一）用人单位全称；

（二）职工的姓名、性别、年龄、职业、身份证号码；

（三）不予认定工伤或者不视同工伤的依据；

（四）不服认定决定申请行政复议或者提起行政诉讼的部门和时限；

（五）作出不予认定工伤或者不视同工伤决定的时间。

《认定工伤决定书》和《不予认定工伤决定书》应当加盖社会保险行政部门工伤认定专用印章。

第二十条　社会保险行政部门受理工伤认定申请后,作出工伤认定决定需要以司法机关或者有关行政主管部门的结论为依据的,在司法机关或者有关行政主管部门尚未作出结论期间,作出工伤认定决定的时限中止,并书面通知申请人。

第二十一条 社会保险行政部门对于事实清楚、权利义务明确的工伤认定申请,应当自受理工伤认定申请之日起15日内作出工伤认定决定。

第二十二条 社会保险行政部门应当自工伤认定决定作出之日起20日内,将《认定工伤决定书》或者《不予认定工伤决定书》送达受伤害职工(或者其近亲属)和用人单位,并抄送社会保险经办机构。

《认定工伤决定书》和《不予认定工伤决定书》的送达参照民事法律有关送达的规定执行。

第二十三条 职工或者其近亲属、用人单位对不予受理决定不服或者对工伤认定决定不服的,可以依法申请行政复议或者提起行政诉讼。

第二十四条 工伤认定结束后,社会保险行政部门应当将工伤认定的有关资料保存50年。

第二十五条 用人单位拒不协助社会保险行政部门对事故伤害进行调查核实的,由社会保险行政部门责令改正,处2000元以上2万元以下的罚款。

第二十六条 本办法中的《工伤认定申请表》《工伤认定申请受理决定书》《工伤认定申请不予受理决定书》《认定工伤决定书》《不予认定工伤决定书》的样式由国务院社会保险行政部门统一制定。

第二十七条 本办法自2011年1月1日起施行。劳动和社会保障部2003年9月23日颁布的《工伤认定办法》同时废止。

附录4 《非法用工单位伤亡人员一次性赔偿办法》

人力资源和社会保障部令第9号,自2011年1月1日起施行。

第一条 根据《工伤保险条例》第六十六条第一款的授权,制定本办法。

第二条 本办法所称非法用工单位伤亡人员,是指无营业执照或者未经依法登记、备案的单位以及被依法吊销营业执照或者撤销登记、备案的单位受到事故伤害或者患职业病的职工,或者用人单位使用童工造成的伤残、死亡童工。

前款所列单位必须按照本办法的规定向伤残职工或者死亡职工的近亲属、伤残童工或者死亡童工的近亲属给予一次性赔偿。

第三条 一次性赔偿包括受到事故伤害或者患职业病的职工或童工在治疗期间的费用和一次性赔偿金。一次性赔偿金数额应当在受到事故伤害或者患职业病的职工或童工死亡或者经劳动能力鉴定后确定。

劳动能力鉴定按照属地原则由单位所在地设区的市级劳动能力鉴定委员会办理。劳动能力鉴定费用由伤亡职工或童工所在单位支付。

第四条 职工或童工受到事故伤害或者患职业病,在劳动能力鉴定之前进行治疗期间的生活费按照统筹地区上年度职工月平均工资标准确定,医疗费、护理费、住院期间的伙食补助费以及所需的交通费等费用按照《工伤保险条例》规定的标准和范围确定,并全部由伤残职工或童工所在单位支付。

第五条 一次性赔偿金按照以下标准支付:

一级伤残的为赔偿基数的16倍,二级伤残的为赔偿基数的14倍,三级伤残的为赔偿基数的12倍,四级伤残的为赔偿基数的10倍,五级伤残的为赔偿基数的8倍,六级伤残的为赔偿基数的6倍,七级伤残的为赔偿基数的4倍,八级伤残的为赔偿基数的3倍,九级伤残的为赔偿基数的2倍,十级伤残的为赔偿基数的1倍。

前款所称赔偿基数,是指单位所在工伤保险统筹地区上年度职工年平均工资。

第六条 受到事故伤害或者患职业病造成死亡的,按照上一年度全国城镇居民人均可支配收入的20倍支付一次性赔偿金,并按照上一年度全国城镇居民人均可支配收入的10倍一次性支付丧葬补助等其他赔偿金。

第七条 单位拒不支付一次性赔偿的,伤残职工或者死亡职工的近亲属、伤残童工或者死亡童工的近亲属可以向人力资源和社会保障行政部门举报。经查证属实的,人力资源和社会保障行政部门应当责令该单位限期改正。

第八条 伤残职工或者死亡职工的近亲属、伤残童工或者死亡童工的近亲属就赔偿数额与单位发生争议的,按照劳动争议处理的有关规定处理。

第九条 本办法自2011年1月1日起施行。劳动和社会保障部2003年9月23日颁布的《非法用工单位伤亡人员一次性赔偿办法》同时废止。

附录5 《关于审理人身损害赔偿案件适用法律若干问题的解释》

2003年12月26日最高人民法院法释[2003]20号,自2004年5月1日起施行。

为正确审理人身损害赔偿案件,依法保护当事人的合法权益,根据《中华人民共和国民法通则》(以下简称民法通则)、《中华人民共和国民事诉讼法》(以下简称民事诉讼法)等有关法律规定,结合审判实践,就有关适用法律的问题作如下解释:

第一条 因生命、健康、身体遭受侵害,赔偿权利人起诉请求赔偿义务人赔偿财产损失和精神损害的,人民法院应予受理。

本条所称"赔偿权利人",是指因侵权行为或者其他致害原因直接遭受人身损害的受害人、依法由受害人承担扶养义务的被扶养人以及死亡受害人的近亲属。

本条所称"赔偿义务人",是指因自己或者他人的侵权行为以及其他致害原因依法应当承担民事责任的自然人、法人或者其他组织。

第二条 受害人对同一损害的发生或者扩大有故意、过失的,依照民法通则第一百三十一条的规定,可以减轻或者免除赔偿义务人的赔偿责任。但侵权人因故意或者重大过失致人损害,受害人只有一般过失的,不减轻赔偿义务人的赔偿责任。

适用民法通则第一百零六条第三款规定确定赔偿义务人的赔偿责任时,受害人有重大过失的,可以减轻赔偿义务人的赔偿责任。

第三条 二人以上共同故意或者共同过失致人损害,或者虽无共同故意、共同过失,但其侵害行为直接结合发生同一损害后果的,构成共同侵权,应当依照民法通则第一百三十条规定承担连带责任。

二人以上没有共同故意或者共同过失,但其分别实施的数个行为间接结合发生同一损害后果的,应当根据过失大小或者原因力比例各自承担相应的赔偿责任。

第四条 二人以上共同实施危及他人人身安全的行为并造成损害后果,不能确定实际侵害行为人的,应当依照民法通则第一百三十条规定承担连带责任。共同危险行为人能够证明损害后果不是由其行为造成的,不承担赔偿责任。

第五条 赔偿权利人起诉部分共同侵权人的,人民法院应当追加其他共同侵权人作为共同被告。赔偿权利人在诉讼中放弃对部分共同侵权人的诉讼请求的,其他共同侵权人对被放弃诉讼请求的被告应当承担的赔偿份额不承担连带责任。责任范围难以确定的,推定各共同侵权人承担同等责任。

人民法院应当将放弃诉讼请求的法律后果告知赔偿权利人,并将放弃诉讼请求的情况在法律文书中叙明。

第六条 从事住宿、餐饮、娱乐等经营活动或者其他社会活动的自然人、法人、其他组织,未尽合理限度范围内的安全保障义务致使他人遭受人身损害,赔偿权利人请求其承担相应赔偿责任的,人民法院应予支持。

因第三人侵权导致损害结果发生的,由实施侵权行为的第三人承担赔偿责任。安全保障义务人有过错的,应当在其能够防止或者制止损害的范围内承担相应的补充赔偿责任。安全保障义务人承担责任后,可以向第三人追偿。赔偿权利人起诉安全保障义务人的,应当将第三人作为共同被告,但第三人不能确定的除外。

第七条　对未成年人依法负有教育、管理、保护义务的学校、幼儿园或者其他教育机构,未尽职责范围内的相关义务致使未成年人遭受人身损害,或者未成年人致他人人身损害的,应当承担与其过错相应的赔偿责任。

第三人侵权致未成年人遭受人身损害的,应当承担赔偿责任。学校、幼儿园等教育机构有过错的,应当承担相应的补充赔偿责任。

第八条　法人或者其他组织的法定代表人、负责人以及工作人员,在执行职务中致人损害的,依照民法通则第一百二十一条的规定,由该法人或者其他组织承担民事责任。上述人员实施与职务无关的行为致人损害的,应当由行为人承担赔偿责任。

属于《国家赔偿法》赔偿事由的,依照《国家赔偿法》的规定处理。

第九条　雇员在从事雇佣活动中致人损害的,雇主应当承担赔偿责任;雇员因故意或者重大过失致人损害的,应当与雇主承担连带赔偿责任。雇主承担连带赔偿责任的,可以向雇员追偿。

前款所称"从事雇佣活动",是指从事雇主授权或者指示范围内的生产经营活动或者其他劳务活动。雇员的行为超出授权范围,但其表现形式是履行职务或者与履行职务有内在联系的,应当认定为"从事雇佣活动"。

第十条　承揽人在完成工作过程中对第三人造成损害或者造成自身损害的,定作人不承担赔偿责任。但定作人对定作、指示或者选任有过失的,应当承担相应的赔偿责任。

第十一条　雇员在从事雇佣活动中遭受人身损害,雇主应当承担赔偿责任。雇佣关系以外的第三人造成雇员人身损害的,赔偿权利人可以请求第三人承担赔偿责任,也可以请求雇主承担赔偿责任。雇主承担赔偿责任后,可以向第三人追偿。

雇员在从事雇佣活动中因安全生产事故遭受人身损害,发包人、分包人知道或者应当知道接受发包或者分包业务的雇主没有相应资质或者安全生产条件的,应当与雇主承担连带赔偿责任。

属于《工伤保险条例》调整的劳动关系和工伤保险范围的,不适用本条规定。

第十二条　依法应当参加工伤保险统筹的用人单位的劳动者,因工伤事故遭受人身损害,劳动者或者其近亲属向人民法院起诉请求用人单位承担民事赔偿责任的,告知其按《工伤保险条例》的规定处理。

因用人单位以外的第三人侵权造成劳动者人身损害,赔偿权利人请求第三人承担民事赔偿责任的,人民法院应予支持。

第十三条　为他人无偿提供劳务的帮工人,在从事帮工活动中致人损害的,被帮工人应当承担赔偿责任。被帮工人明确拒绝帮工的,不承担赔偿责任。帮工人存在故意或者重大过失,赔偿权利人请求帮工人和被帮工人承担连带责任的,人民法院应予支持。

第十四条　帮工人因帮工活动遭受人身损害的,被帮工人应当承担赔偿责任。被帮工人明确拒绝帮工的,不承担赔偿责任;但可以在受益范围内予以适当补偿。

帮工人因第三人侵权遭受人身损害的,由第三人承担赔偿责任。第三人不能确定或者没有赔偿能力的,可以由被帮工人予以适当补偿。

第十五条　为维护国家、集体或者他人的合法权益而使自己受到人身损害,因没有侵权人、不能确定侵权人或者侵权人没有赔偿能力,赔偿权利人请求受益人在受益范围内予以适当补偿的,人民法院应予支持。

第十六条　下列情形,适用民法通则第一百二十六条的规定,由所有人或者管理人承担赔偿责任,但能够证明自己没有过错的除外:

（一）道路、桥梁、隧道等人工建造的构筑物因维护、管理瑕疵致人损害的;

（二）堆放物品滚落、滑落或者堆放物倒塌致人损害的;

（三）树木倾倒、折断或者果实坠落致人损害的。

前款第（一）项情形,因设计、施工缺陷造成损害的,由所有人、管理人与设计、施工者承担连带责任。

第十七条　受害人遭受人身损害,因就医治疗支出的各项费用以及因误工减少的收入,包括医疗费、误工费、护理费、交通费、住宿费、住院伙食补助费、必要的营养费,赔偿义务人应当予以赔偿。

受害人因伤致残的,其因增加生活上需要所支出的必要费用以及因丧失劳动能力导致的收入损失,包括残疾赔偿金、残疾辅助器具费、被扶养人生活费,以及因康复护理、继续治疗实际发生的必要的康复费、护理费、后续治疗费,赔偿义务人也应当予以赔偿。

受害人死亡的,赔偿义务人除应当根据抢救治疗情况赔偿本条第一款规定的相关费用外,还应当赔偿丧葬费、被扶养人生活费、死亡补偿费以及受害人亲属办理丧葬事宜支出的交通费、住宿费和误工损失等其他合理费用。

第十八条　受害人或者死者近亲属遭受精神损害,赔偿权利人向人民法院请求赔偿精神损害抚慰金的,适用《最高人民法院关于确定民事侵权精神损害赔偿责任若干问题的解释》予以确定。

精神损害抚慰金的请求权,不得让与或者继承。但赔偿义务人已经以书面方式承诺给予金钱赔偿,或者赔偿权利人已经向人民法院起诉的除外。

第十九条　医疗费根据医疗机构出具的医药费、住院费等收款凭证,结合病历和诊断证明等相关证据确定。赔偿义务人对治疗的必要性和合理性有异议的,应当承担相应的举证责任。

医疗费的赔偿数额,按照一审法庭辩论终结前实际发生的数额确定。器官功能恢复训练所必要的康复费、适当的整容费以及其他后续治疗费,赔偿权利人可以待实际发生后另行起诉。但根据医疗证明或者鉴定结论确定必然发生的费用,可以与已经发生的医疗费一并予以赔偿。

第二十条　误工费根据受害人的误工时间和收入状况确定。

误工时间根据受害人接受治疗的医疗机构出具的证明确定。受害人因伤致残持续误工的,误工时间可以计算至定残日前一天。

受害人有固定收入的,误工费按照实际减少的收入计算。受害人无固定收入的,按照其最近三年的平均收入计算;受害人不能举证证明其最近三年的平均收入状况的,可以参照受诉法院所在地相同或者相近行业上一年度职工的平均工资计算。

第二十一条　护理费根据护理人员的收入状况和护理人数、护理期限确定。

护理人员有收入的,参照误工费的规定计算;护理人员没有收入或者雇佣护工的,参照当地护工从事同等级别护理的劳务报酬标准计算。护理人员原则上为一人,但医疗机构或者鉴定机构有明确意见的,可以参照确定护理人员人数。

护理期限应计算至受害人恢复生活自理能力时止。受害人因残疾不能恢复生活自理能力的,可以根据其年龄、健康状况等因素确定合理的护理期限,但最长不超过二十年。

受害人定残后的护理,应当根据其护理依赖程度并结合配制残疾辅助器具的情况确定护理级别。

第二十二条 交通费根据受害人及其必要的陪护人员因就医或者转院治疗实际发生的费用计算。交通费应当以正式票据为凭;有关凭据应当与就医地点、时间、人数、次数相符合。

第二十三条 住院伙食补助费可以参照当地国家机关一般工作人员的出差伙食补助标准予以确定。

受害人确有必要到外地治疗,因客观原因不能住院,受害人本人及其陪护人员实际发生的住宿费和伙食费,其合理部分应予赔偿。

第二十四条 营养费根据受害人伤残情况参照医疗机构的意见确定。

第二十五条 残疾赔偿金根据受害人丧失劳动能力程度或者伤残等级,按照受诉法院所在地上一年度城镇居民人均可支配收入或者农村居民人均纯收入标准,自定残之日起按二十年计算。但六十周岁以上的,年龄每增加一岁减少一年;七十五周岁以上的,按五年计算。

受害人因伤致残但实际收入没有减少,或者伤残等级较轻但造成职业妨害严重影响其劳动就业的,可以对残疾赔偿金作相应调整。

第二十六条 残疾辅助器具费按照普通适用器具的合理费用标准计算。伤情有特殊需要的,可以参照辅助器具配制机构的意见确定相应的合理费用标准。

辅助器具的更换周期和赔偿期限参照配制机构的意见确定。

第二十七条 丧葬费按照受诉法院所在地上一年度职工月平均工资标准,以六个月总额计算。

第二十八条 被扶养人生活费根据扶养人丧失劳动能力程度,按照受诉法院所在地上一年度城镇居民人均消费性支出和农村居民人均年生活消费支出标准计算。被扶养人为未成年人的,计算至十八周岁;被扶养人无劳动能力又无其他生活来源的,计算二十年。但六十周岁以上的,年龄每增加一岁减少一年;七十五周岁以上的,按五年计算。

被扶养人是指受害人依法应当承担扶养义务的未成年人或者丧失劳动能力又无其他生活来源的成年近亲属。被扶养人还有其他扶养人的,赔偿义务人只赔偿受害人依法应当负担的部分。被扶养人有数人的,年赔偿总额累计不超过上一年度城镇居民人均消费性支出额或者农村居民人均年生活消费支出额。

第二十九条 死亡赔偿金按照受诉法院所在地上一年度城镇居民人均可支配收入或者农村居民人均纯收入标准,按二十年计算。但六十周岁以上的,年龄每增加一岁减少一年;七十五周岁以上的,按五年计算。

第三十条 赔偿权利人举证证明其住所地或者经常居住地城镇居民人均可支配收

入或者农村居民人均纯收入高于受诉法院所在地标准的,残疾赔偿金或者死亡赔偿金可以按照其住所地或者经常居住地的相关标准计算。

被扶养人生活费的相关计算标准,依照前款原则确定。

第三十一条 人民法院应当按照民法通则第一百三十一条以及本解释第二条的规定,确定第十九条至第二十九条各项财产损失的实际赔偿金额。

前款确定的物质损害赔偿金与按照第十八条第一款规定确定的精神损害抚慰金,原则上应当一次性给付。

第三十二条 超过确定的护理期限、辅助器具费给付年限或者残疾赔偿金给付年限,赔偿权利人向人民法院起诉请求继续给付护理费、辅助器具费或者残疾赔偿金的,人民法院应予受理。赔偿权利人确需继续护理、配制辅助器具,或者没有劳动能力和生活来源的,人民法院应当判令赔偿义务人继续给付相关费用五至十年。

第三十三条 赔偿义务人请求以定期金方式给付残疾赔偿金、被扶养人生活费、残疾辅助器具费的,应当提供相应的担保。人民法院可以根据赔偿义务人的给付能力和提供担保的情况,确定以定期金方式给付相关费用。但一审法庭辩论终结前已经发生的费用、死亡赔偿金以及精神损害抚慰金,应当一次性给付。

第三十四条 人民法院应当在法律文书中明确定期金的给付时间、方式以及每期给付标准。执行期间有关统计数据发生变化的,给付金额应当适时进行相应调整。

定期金按照赔偿权利人的实际生存年限给付,不受本解释有关赔偿期限的限制。

第三十五条 本解释所称"城镇居民人均可支配收入""农村居民人均纯收入""城镇居民人均消费性支出""农村居民人均年生活消费支出""职工平均工资",按照政府统计部门公布的各省、自治区、直辖市以及经济特区和计划单列市上一年度相关统计数据确定。

"上一年度",是指一审法庭辩论终结时的上一统计年度。

第三十六条 本解释自2004年5月1日起施行。2004年5月1日后新受理的一审人身损害赔偿案件,适用本解释的规定。已经作出生效裁判的人身损害赔偿案件依法再审的,不适用本解释的规定。

在本解释公布施行之前已经生效施行的司法解释,其内容与本解释不一致的,以本解释为准。

附录6　河南省建筑业工亡赔偿计算查询系统《操作说明书》

一、安装说明

将河南省建筑业工亡补偿查询系统的应用程序拷贝到计算机上以后,双击 ,根据每一步的提示信息进行安装,直至安装完毕。在下图所示的第二步中,需要输入的安装密码为:HPU-2001-2014-0715。

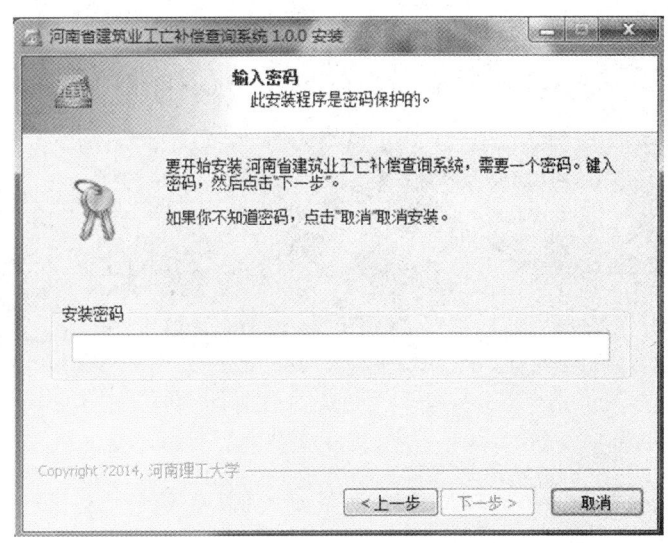

二、使用说明

安装完成后,双击桌面上的 快捷方式或者单击开始菜单中的快捷方式打开该系统,进入系统主界面,如下:

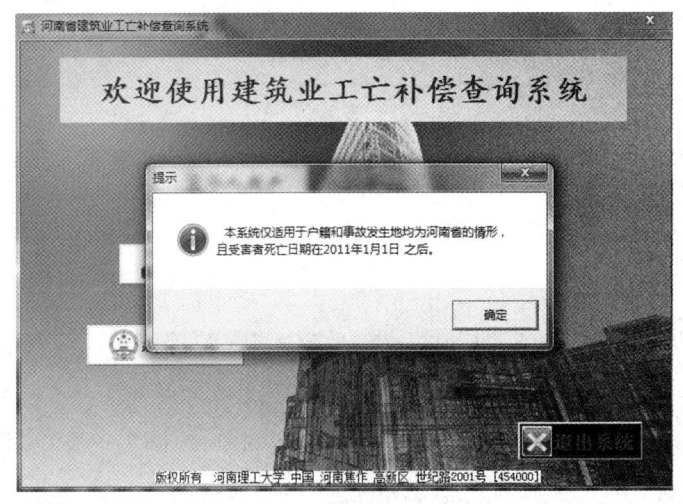

如果用户所查询的工亡职工的条件不符合"提示"框中的要求,请点击"确定"之后,继续点击"退出系统"按钮,退出该系统;如符合要求,请点击"确定",进入到如下界面,继续使用。

名词解释:
个人用户:指使用者为工亡职工的近亲属、朋友、同事等的一般个人用户;
企业用户:指使用者为工亡职工所在单位的管理者、其他员工等用户;
政府机构:指使用者为在政府机构工作的工作人员;
1. 个人用户查询
(1)点击 个人用户 按钮,打开如下界面:

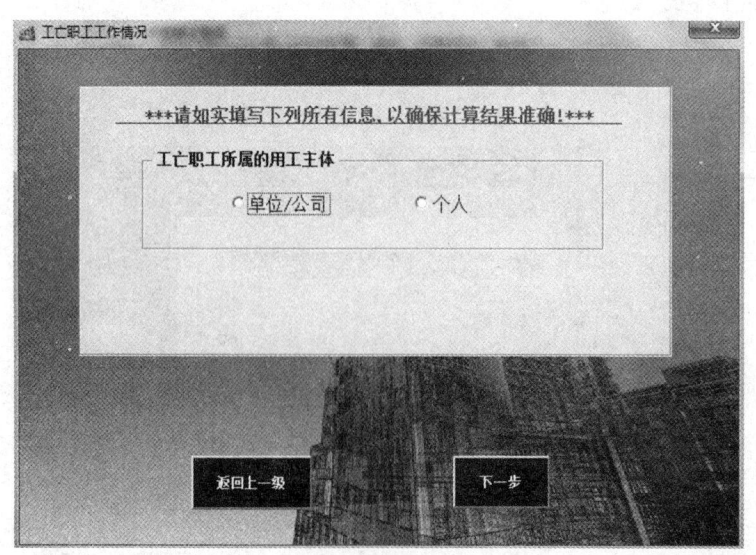

如果工亡职工生前的雇主为某承包单位、施工队或建筑公司、装饰装修公司、总承包公司等,用户应选择 单位/公司;如果工亡职工生前的雇主为包工头或一般性的个人,用户应选择 个人,并弹出如下对话框,进一步选择职工生前从事的工作对象。

名词解释:

个人自建项目:指居民自建住宅、自建厂房、自建仓库、自建料仓、自建养殖场等项目;

非个人自建项目:指房地产等开发公司开发的工程项目、集体性的住宅或影剧院、体育馆、展览馆、医院、公园、道路、港口等建筑。

(2)如果用户在(1)中选择的是 单位/公司 (或 个人)和 非个人自建工程,则将进入到如下所示界面:

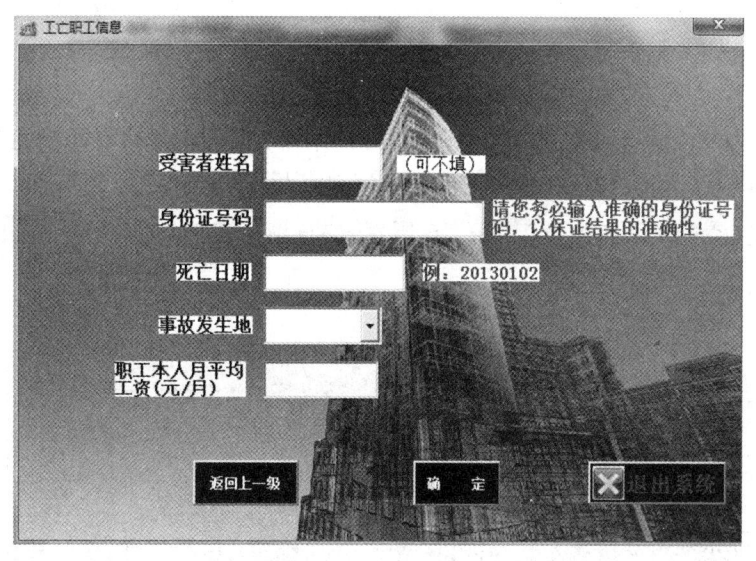

名词解释:

受害者姓名:指工亡职工本人的姓名,可填可不填;

身份证号码:指工亡职工本人的身份证号码,用户在输入时要确保正确,否则会影响查询结果;

死亡日期:指工亡职工本人被确定死亡时的年月日,填写格式为"20130102";

事故发生地:指该工亡事故发生地所属的市;

职工本人月平均工资:指工亡职工工亡前12个月的平均月工资,若工作时间不足一

年,则按照实际工作月数计算月平均工资;若工作时间不足1个月,则参照其他同种性质职工的月平均工资计算;

①根据以上信息,如果判断工亡职工小于16周岁,则属于单位非法用工行为,使用者不需要填写"工亡职工本人月平均工资"和"婚姻状况",点击 确定 后,直接弹出计算结果,如下:

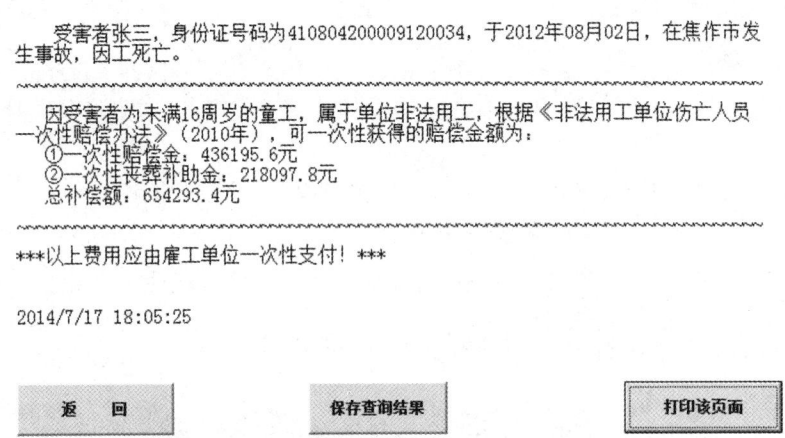

在该页面,使用者可以选择直接打印该查询结果(如果连接有打印设备),可以将该查询结果以图片的格式保存在使用的电脑中,也可以直接返回到上一页。

②如果工亡职工的年龄大于等于16周岁,信息填写完毕后,点击 下一步 ,则进入到如下所示界面:

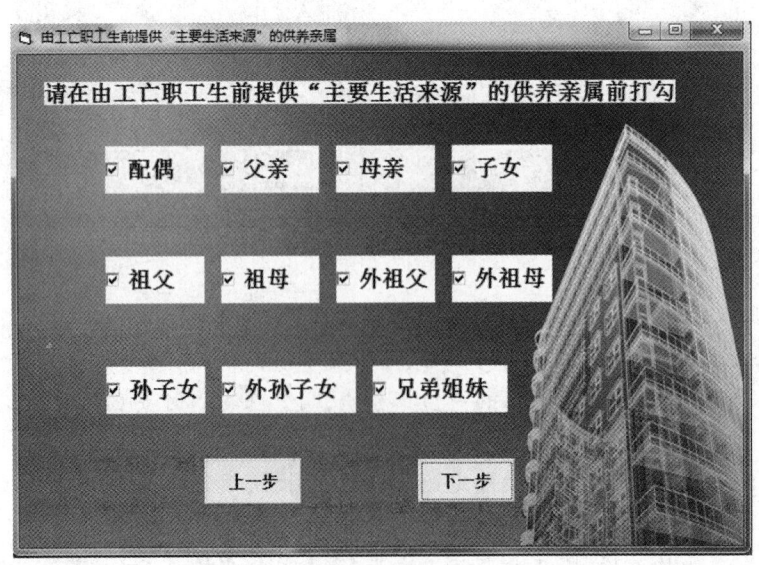

该界面上显示的是按照《因工死亡职工供养亲属范围规定》的规定,可能由工亡职工生前提供"主要生活来源"的所有亲属。用户只需在相应的供养亲属前打"√"即可,选择完毕后单击"下一步"则会依次弹出相应亲属的信息输入界面。在此假设所有这些亲属均符合该条件,点击"下一步"进入如下所示界面:

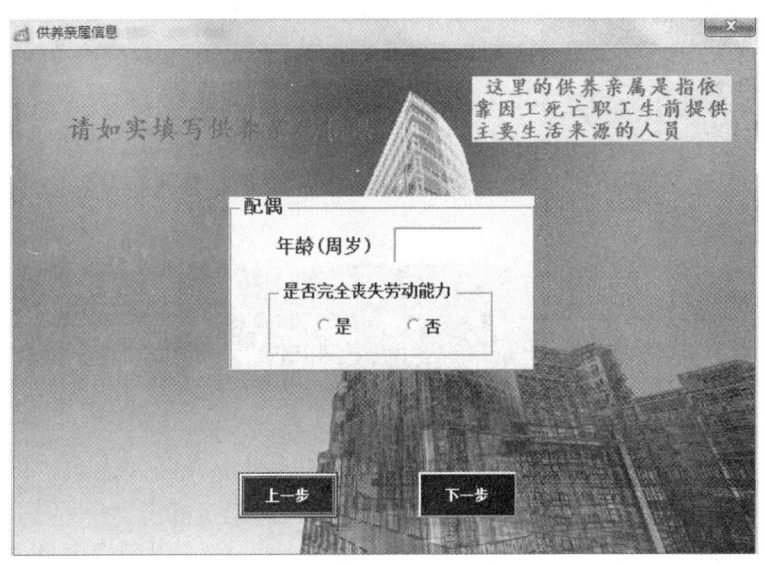

该界面之后的界面上需要输入的信息均是工亡职工供养亲属的信息,用户须根据提示信息如实填写。

名词解释:

配偶:指工亡职工工亡时,其法律意义上的妻子;

配偶年龄:指按照身份证上的出生日期所计算的年龄;

是否完全丧失劳动能力:以工亡职工生前单位所在地社区的市级劳动能力鉴定委员会的鉴定结果为依据,如果鉴定结果为"完全丧失劳动能力",则选择"是",反之,则选择"否"。

信息输入完毕后,点击 下一步 ,进入如下所示界面:

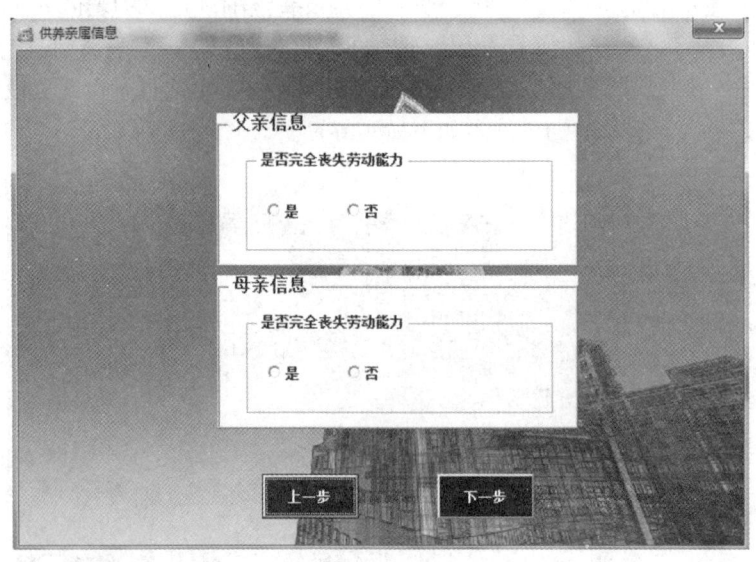

　　此页面主要显示工亡职工父母亲的信息,系统将首先判断其是否完全丧失劳动能力,如果是"否",则用户需进一步输入他们年龄,反之,直接点击"下一步"即可,进入到下一界面。另外,如果只有父亲(或母亲)符合领取条件,在该界面中将只显示其中一个的信息输入框,另外一个将被隐藏。

　　父母:包括生父母、养父母、有抚养关系的继父母。

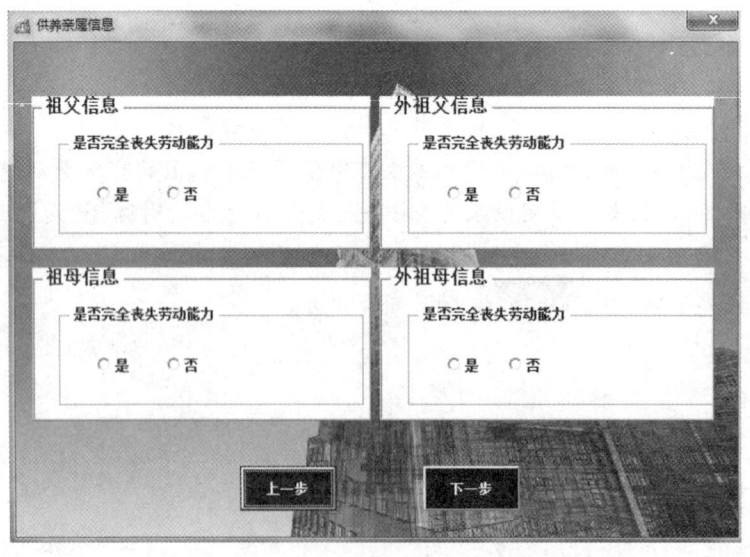

　　该界面的信息输入同上一步一样,按照上述操作即可。

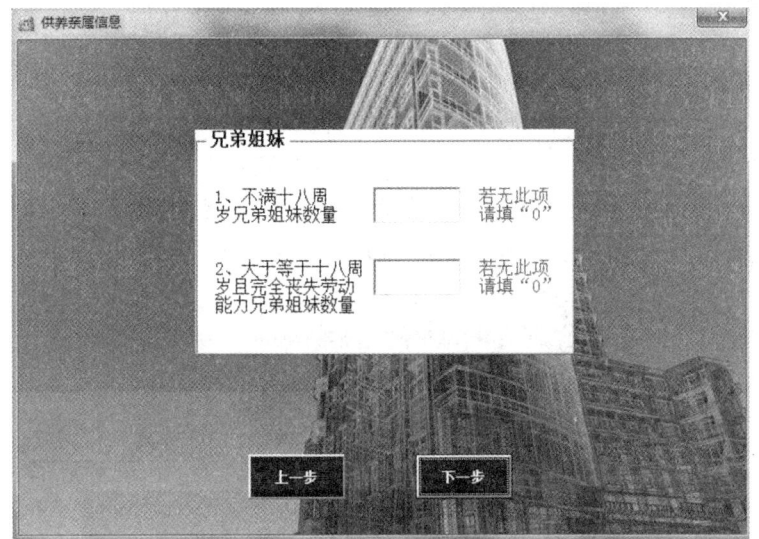

名词解释：

兄弟姐妹：包括同父母的兄弟姐妹、同父异母或者同母异父的兄弟姐妹、养兄弟姐妹、有抚养关系的继兄弟姐妹。

不满十八周岁兄弟姐妹的数量：指满足上一条件，但小于十八周岁的兄弟姐妹的个数，如果没有则填"0"；

大于等于十八周岁且完全丧失劳动能力的兄弟姐妹数量：指满足第一个条件，虽然大于等于十八周岁，但完全丧失劳动能力的兄弟姐妹的个数，同样，如果没有则填"0"。

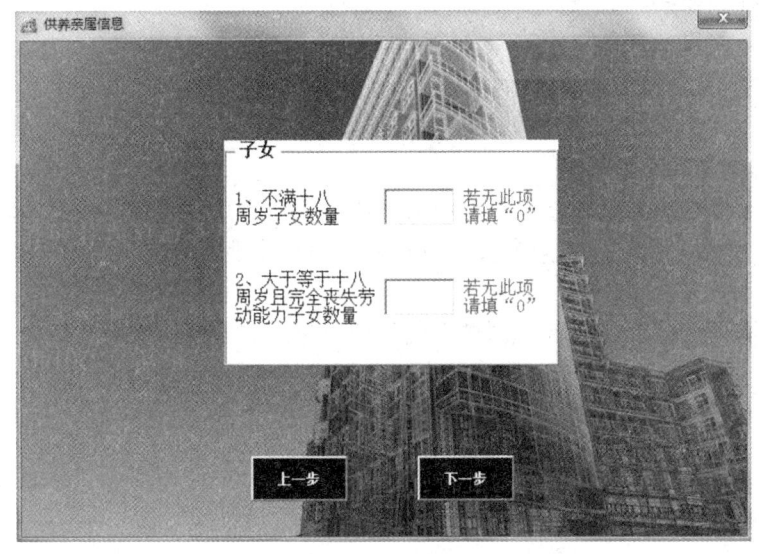

名词解释：

子女：包括婚生子女、非婚生子女、养子女和有抚养关系的继子女，其中，婚生子女、非婚生子女包括遗腹子女。

不满十八周岁子女的数量：指满足上一条件，但小于十八周岁的兄弟姐妹的个数，如果没有则填"0"；

大于等于十八周岁且完全丧失劳动能力的子女数量：指满足第一个条件，虽然大于等于十八周岁，但完全丧失劳动能力的子女的个数，同样，如果没有则填"0"。

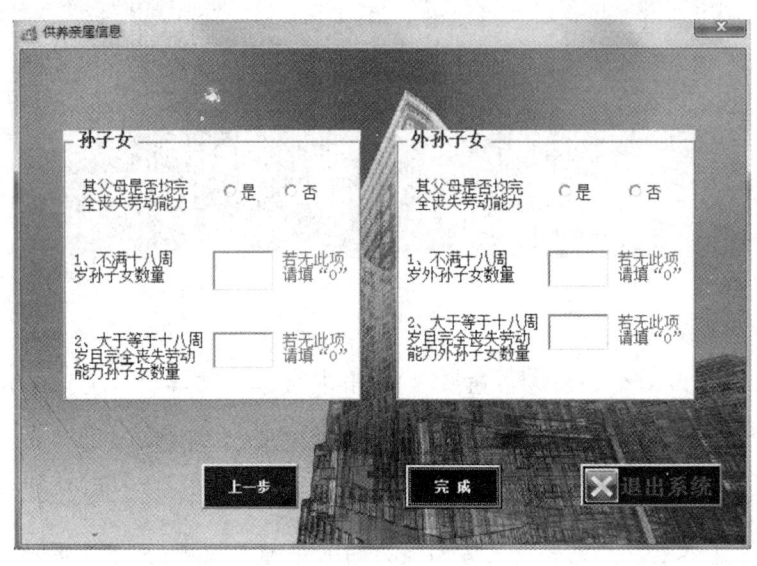

名词解释：

其父母是否均完全丧失劳动能力：指符合上一条件的（外）孙子女的父亲是否都完全丧失劳动能力，如果均已丧失就选择"是"，如果都没有丧失就选择"否"；

不满十八周岁（外）孙子女的数量：指满足以上两个条件，但小于十八周岁的（外）孙子女的个数，如果没有则填"0"；

大于等于十八周岁且完全丧失劳动能力的（外）孙子女数量：指满足以上两个条件，虽然大于等于十八周岁，但完全丧失劳动能力的（外）孙子女的个数，同样，如果没有则填"0"。

以上所有信息输入完毕后，点击"完成"，即可弹出如下所示的查询结果：

在该页面,使用者可以选择直接打印该查询结果(如果连接有打印设备),可以将该查询结果以图片的格式保存在使用的电脑中,也可以查看后直接返回到上一页。

查询完毕即可点击"退出系统"按钮,退出该系统。

(3)如果使用者在(1)中选择的是 个人 和 个人自建工程,则将进入到如下所示界面:

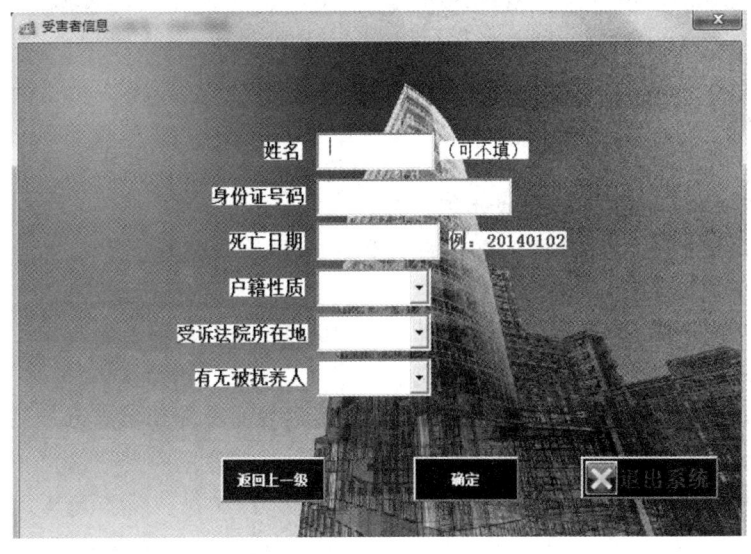

名词解释：

姓名：指工亡职工本人的姓名，可填可不填；

身份证号码：指工亡职工本人的身份证号码，用户在输入时务必要确保正确，否则会影响查询结果；

死亡日期：指工亡职工本人被确定死亡时的年月日，填写格式为"20140102"；

户籍性质：指工亡职工为城镇户口或农村户口，若为城镇户口则选择"非农业"，为农村户口则选择"农业"；

受诉法院所在地：指该工亡赔偿案件经由法院处理时，受理该案件的法院所属的市，如果没有受诉法院则选择"无"；

有无被扶养人：指工亡职工工亡前有没有由他（她）抚养、提供主要生活来源的亲属，如果有则选择"有"，如果没有就选择"无"；

信息输入完毕后点击 确定 进入下一步，如下：

名词解释：

该页面中的被扶养人主要是指工亡者生前依法应当承担抚养义务的未成年人和丧失劳动能力又无其他生活来源的成年近亲属。

18周岁以下人数：指满足上述条件的小于18周岁的未成年人个数，在计算他们的年龄时应以户口本上的出生日期为准；

18~60周岁人数：指年龄大于等于18小于60周岁的丧失劳动能力又无其他生活来源的成年近亲属的个数；

60~75周岁人数：指年龄大于等于60小于75周岁的丧失劳动能力又无其他生活来源的成年近亲属的个数；

75周岁以上人数：指年龄大于等于75周岁的丧失劳动能力又无其他生活来源的成年近亲属的个数。

信息输入完毕后,点击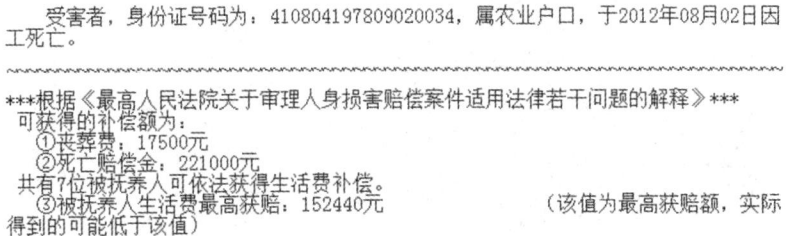,即可弹出如下所示的查询结果:

赔偿额查询结果

受害者,身份证号码为:410804197809020034,属农业户口,于2012年08月02日因工死亡。

根据《最高人民法院关于审理人身损害赔偿案件适用法律若干问题的解释》
可获得的补偿额为:
① 丧葬费:17500元
② 死亡赔偿金:221000元
共有7位被抚养人可依法获得生活费补偿。
③ 被抚养人生活费最高获赔:152440元　　　(该值为最高获赔额,实际得到的可能低于该值)

该补偿额应由雇主一次性支付!

2014/7/21 14:37:28

同样,在该页面,使用者可以选择直接打印该查询结果(如果连接有打印设备),可以将该查询结果以图片的格式保存在使用的电脑中,也可以查看后直接返回到上一页。

查询完毕即可点击 退出系统 按钮,退出该系统。

2. 企业用户查询

如果使用者在上图所示的页面中选择的是"企业用户",那么,系统将进入到如下所示页面:

名词解释:

合法用工:指有营业执照、依法登记备案的单位雇佣年满16周岁工人的用工行为;

非法用工:指无营业执照或者未经依法登记、备案的单位以及被依法吊销营业执照或者撤销登记、备案的单位雇佣员工,或者用人单位使用未满16周岁童工的用工行为;

使用者确定了用工性质之后,点击相应的按钮即可。

(1)如果使用者选择 合法用工 ,点击后,进入如下所示界面:

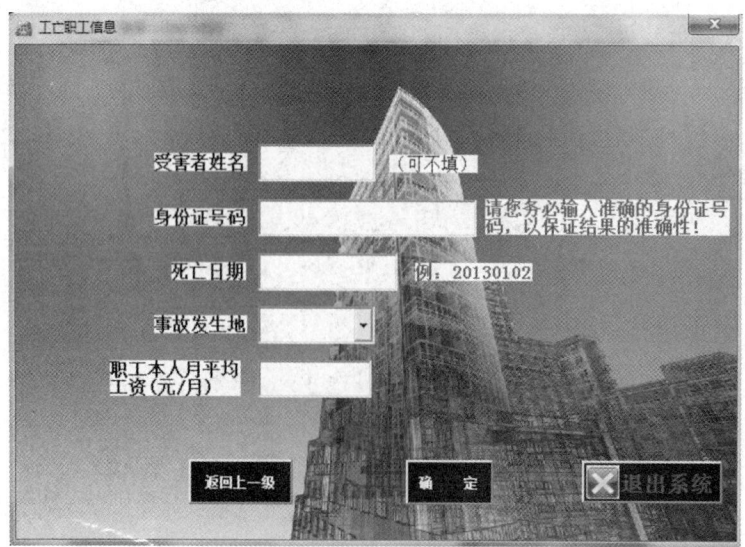

之后的操作同(2)一样,按照前述过程操作即可。

(2)如果使用者选择的是 非法用工 ,点击后,进入如下所示页面:

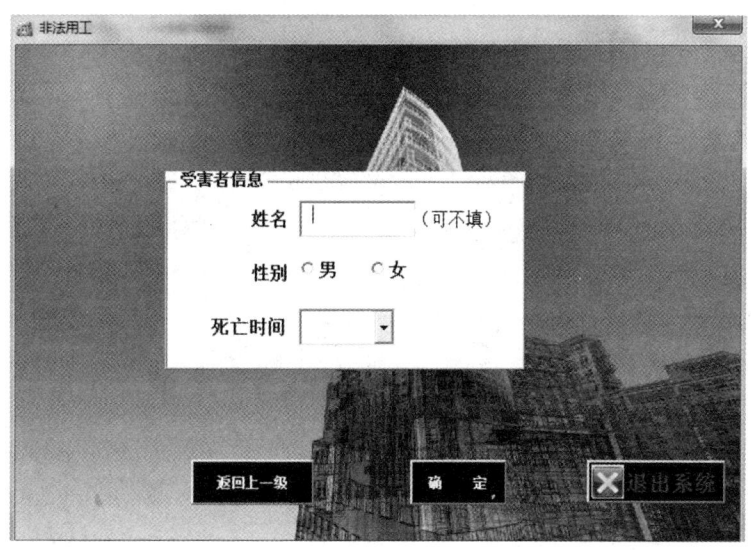

名词解释:

姓名:指工亡职工本人的姓名,可填可不填;

性别:指工亡职工本人的性别,点击选择即可;

死亡时间:指工亡职工本人被确定死亡时的年份。

信息输入完毕后,点击"确定",即可弹出如下所示的查询结果:

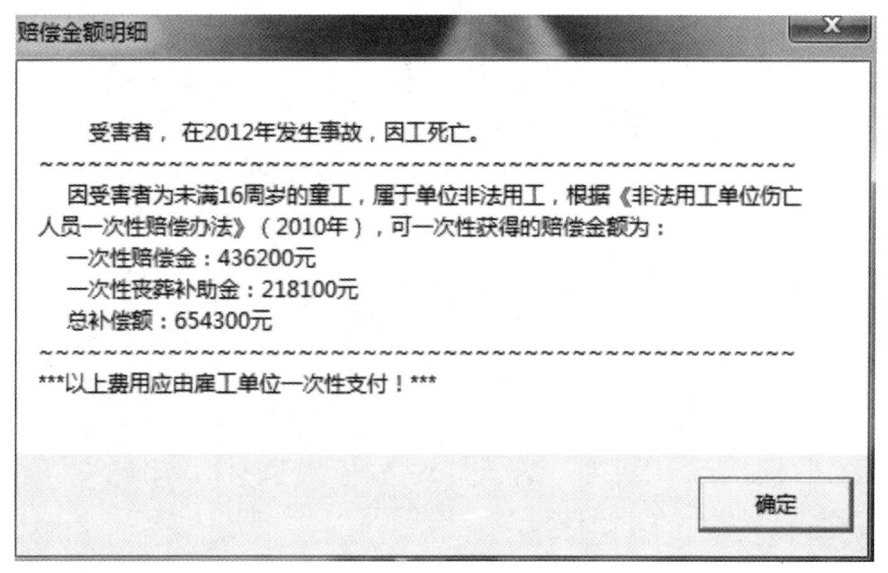

点击"确定"即可返回到上一页面,点击 退出系统 即可退出该系统。

3. 政府机构查询

如果使用者在上图所示的页面中选择的是 政府机构 ,那么,系统将进入到如下所示页面:

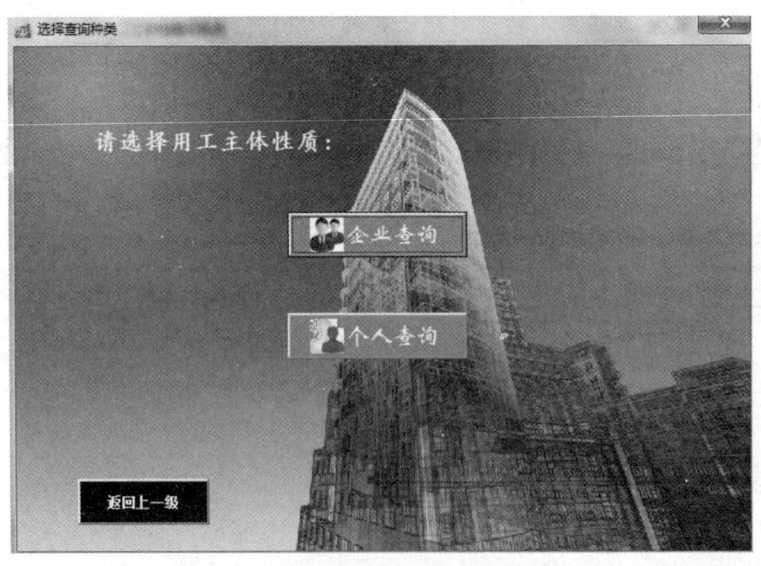

名词解释:

企业查询:指来该政府部门查询某一工亡职工赔偿额的人员为某一企业或单位中的工作人员;

个人查询:指来该政府部门查询某一工亡职工赔偿额的人员为工亡职工的亲属、朋友等个人。

(1)如果使用者选择的是 企业查询 ,则将进入到如下所示页面:

之后的操作同操作 2 一样,按照前述说明操作即可。

(2)如果使用者选择的是 个人查询 ,则将进入到如下所示页面:

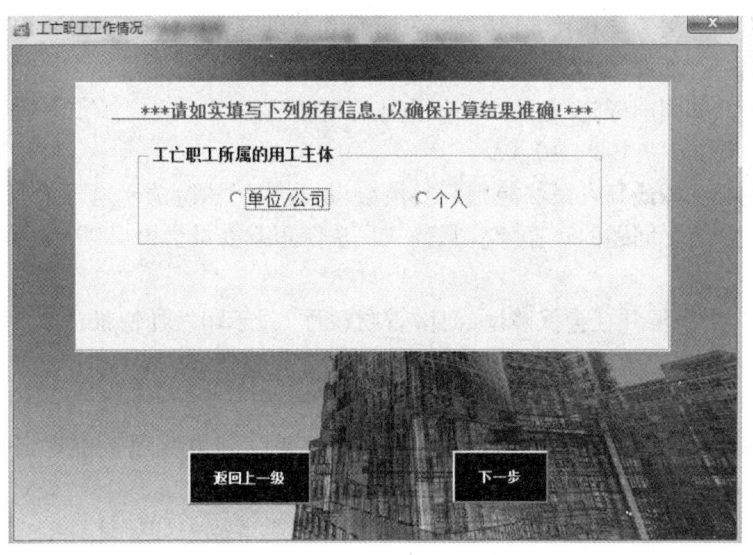

之后的操作同 1 一样,按照前述操作即可。

参考文献

[1] 中华人民共和国建设部.建筑业企业资质管理规定[Z].中华人民共和国建设部令第87号,2001-04-18.

[2] 中华人民共和国住房及城乡建设部.建筑业企业资质管理规定和资质标准实施意见[Z].中华人民共和国住建部建市[2015]20号,2015-01-31.

[3] 全国人民代表大会.中华人民共和国建筑法[Z].中华人民共和国主席令第46号,2011-04-22.

[4] 中华人民共和国国务院.工伤保险条例[Z].中华人民共和国国务院令第586号,2010-12-20.

[5] 中华人民共和国人力资源和社会保障部.非法用工单位伤亡人员一次性赔偿办法[Z].中华人民共和国人力资源和社会保障部令第9号,2010-12-31.

[6] 人力资源社会保障部.关于执行《工伤保险条例》若干问题的意见[Z].人力资源社会保障部发[2013]34号,2013-04-25.

[7] 中华人民共和国劳动和社会保障部.关于确立劳动关系有关事项的通知[Z].中华人民共和国劳社部发[2005]12号,2005-05-25.

[8] 中华人民共和国国务院.全民所有制企业临时工管理暂行规定[Z].中华人民共和国国务院令第41号,1989-10-05.

[9] 中华人民共和国最高人民法院审判委员会.最高人民法院关于审理人身损害赔偿案件适用法律若干问题的解释[Z].最高人民法院审判委员会第1299次会议通过,2003-12-04.

[10] 河南省人力资源和社会保障厅,河南省财政厅.关于印发加快推进解决我省老工伤问题和工伤保险市级统筹工作意见的通知[Z].豫人社工伤[2010]5号,2010-09-27.

[11] 中华人民共和国劳动和社会保障部.因工死亡职工供养亲属范围规定[Z].中华人民共和国劳动和社会保障部令第18号,2003-09-18.

[12] 中华人民共和国最高人民法院.对云南省某交通事故中如何计算赔偿费用的复函[Z].最高人民法院(2005)民他字第25号,2006-04-03.

[13] 全国人民代表大会.中华人民共和国民法通则[Z].中华人民共和国主席令第37号,1986-04-12.

[14] 中华人民共和国最高人民法院.关于贯彻执行<中华人民共和国民法通则>若干问题

的意见[Z].法[办]发[1988]6号,1988-01-26.
[15] 全国人民代表大会.中华人民共和国户口登记条例[Z].中华人民共和国主席令,1958-01-09.
[16] 全国人民代表大会.中华人民共和国居民身份证法[Z].中华人民共和国主席令第4号,2011-10-29.
[17] 胡婷婷.谈建筑施工现场安全现状及质量管理问题[J].经营管理,2012,(9):221.
[18] 孙建平.建筑施工安全事故警示录.北京:中国建筑工业出版社,2003.
[19] 彭晓晓.建筑安全事故预测和预控对策研究[D].青岛:中国海洋大学,2012.
[20] 卢伟.我国建筑施工事故预测与控制对策研究[D].北京:首都经济贸易大学,2010.
[21] 贾俊妮.建筑工程安全管理及事故预测分析研究[D].合肥:合肥工业大学,2007.
[22] 许乐阳.安全行为视角下的建筑安全政府监管模式研究[D].重庆:重庆大学,2012.
[23] 张海宁.基于灰色系统的建筑施工安全管理系统[D].青岛:青岛理工大学,2012.
[24] 李国战.建筑施工企业安全成本核算及其应用研究[D].沈阳:东北大学,2012.
[25] 蓝海.建筑安全信息机制的分析与构建[D].重庆:重庆大学,2011.
[26] 李乐.建筑企业安全事故应急管理研究[D].西安:西安建筑科技大学,2010.
[27] 韦小敏.我国建筑安全监督管理体制及运行机制研究[D].重庆:重庆大学,2011.
[28] 梁杰.官煤勾结瞒报谎报煤矿事故行为分析[D].武汉:华中科技大学,2010.
[29] 吴书安.建筑劳务用工老龄化:现状、成因和对产业的影响[J].建筑经济,2012,(12):13.
[30] 万木生,陈国华.安全经济统计学[M].广州:华南理工大学出版社,2008.
[31] 罗云.安全经济学[M].2版.北京:化学工业出版社,2009.
[32] 蒋正科.建筑安全事故损失计量研究[D].重庆:重庆大学,2009.
[33] 徐晖,胡忠斌.事故经济损失分析[J].中国安全生产科学技术,2005,(1):68-71.
[34] 涂力强,刘辉杰.浅谈工伤事故隐瞒的利弊[J].车间管理,1998,(3):43-45.
[35] 薛澜,沈华,王郅强."7·23重大事故"的警示——中国安全事故调查机制的完善与改进[J].国家行政学院学报,2012,(2):23-28.
[36] 茅家梁.瞒报事故的传统及现实[J].检察风云,2008,(23):31.
[37] 张芳.农民工工伤索赔"私了"初探[J].决策与信息,2011,(4):113.
[38] 蓝海.建筑安全事故信息瞒报原因及对策[J].合作经济与科技,2010,(3):52-53.
[39] 张相成.煤矿安全事故隐瞒博弈分析及监管对策[J].煤矿安全,2008,(10):125-128.
[40] 言锋宇."瞒报"正在成为流行病[J].人民公安,2006,(13):16.
[41] 曹平.建筑安全现状及对策之我见[J].建筑安全,2012,(3):4-5.
[42] 姚茂艳.农民工工伤维权路之艰辛及对策分析[J].法制与社会,2012,(13):215-216.
[43] 潘涛.农民工社会保险权益缺失问题研究[D].上海:上海工程技术大学,2011.
[44] 浦方合.工伤待遇负担机制问题研究[J].煤炭经济研究,2008,(10):32-35.
[45] 刘乔云.我国工伤保险制度法律问题研究[D].济南:山东大学,2011.

[46] 任中秀. 未缴纳工伤保险的工伤待遇案件的法律适用[J]. 山西高等学校社会科学学报,2012,24(2):78-80.

[47] 乔国香. 论死亡赔偿金的性质与计算标准[D]. 济南:山东大学,2012.

[48] 龙凤. 浅谈死亡赔偿金[J]. 改革与开放,2010,(8):21-23.

[49] 褚玉龙. 工亡赔偿的法律依据和现行标准[J]. 现代职业安全,2005,(12):36-37,61.

[50] 王晓斌,王庆军等编著. 新编 VisualBasic 程序设计案例教程[M]. 北京:清华大学出版社,2013年.

[51] 张成才. 证券成交数据查询系统的设计与实现[D]. 厦门:厦门大学,2012.

[52] 华之凤. 网页配色宝典[M]. 北京:中国电力出版社,2006.

[53] 张新伟. 精彩网页设计赏析[M]. 北京:电子工业出版社,2009.

[54] 宋振东. 高等大学语文计算机考试系统的设计及实现[D]. 长春:吉林大学,2010.

[55] 刘静. 建筑劳务用工制度变迁与对策研究[D]. 西安:西安建筑科技大学,2010.

[56] 刘壮志. 建筑业农民工工伤保险研究[D]. 武汉:华中科技大学,2010.

[57] 陈小翠. 论建筑业农民工"包工头"的法律规制[J]. 长沙民政职业技术学院学报,2013,20(1):59-62.

[58] 谢勇. 丁群晏. 农民工的劳动合同状况及其影响因素研究[J]. 人口与发展,2012,18(1):83-89.

[59] 王颖鹏. 农民工工伤保险供给现状及社会工作的介入空间研究[D]. 武汉:华中农业大学,2012.

[60] 王臣. 高俊山. 我国事故管理研究现状[J]. 安全与环境学报,2012,(3):236-242.

[61] ANDERSON J M, Managing Safety in Construction, Proceedings of the Institution of Civil Engineers[J]. Civil Engineering, 1992, 92(3):127-132.

[62] LINGARD H C. Safety in Hong Kong's Construction Industry:Changing Worker Behavior [D]. Hong Kong: Department of Surveying, the University of Hong Kong. 1995.

[63] HELANDER, MARTIN G. Safety hazards and motivation for safe work in the construction industry[J]. International Journal of Industrial Ergonomics, 1991, 8(3):205-223.

[64] HINZE, JIMMIE. Construction safety record since 1971. Proceedings ASCE National Convention[J]. Civil Engineers Influencing Public Policy, 1996:113-120.

[65] KARTAM N A. Construction Safety in Kuwait:issues procedures problems and recommendations[J]. Safety Science,2000,36(3):163-184.

[66] EDWIN S,SHAMIL N, DANIEL F. Factors affecting safety performance on construction sites[J]. International Journal of Project Management,1999,117(5):309-318.

[67] HINZE J, FANG D P, BENCHMARKING S T. Studies on Construction Safety Management in China[J]. Journal of Construction Engineering and Management, 2004,(3):424-432.

[68] HINZE J. Incurring the Costs of Injuries in Safety [M]. New Jersey:Prentice Hall

Press, 2000.

[69] DALE C. Safety Process Measurement-Are We There Yet? [M]. New York: Spinger Press, 2009.

[70] LEVITT R E, SAMUELSSON N M. Construction Safety Management[M]. New York: John Wincey &Sons Inc Press, 1993.

[71] BRODY B, LETOURNEAU Y, POIRIER A. An Indirect Cost Theory of Work Accident Prevention[J]. Journal of Occupation Accidents, 1990, 13(8):255-270.

[72] SHERIFF R. Loss Control Comes of Age[J]. Professional Safety, 1980,1(35):15-18.

[73] MOHAN S G, GAUTAMA C K. Cost of Construction Work Zone Injuries [J]. Department of Civil Engineering Technical Report, 1979, 15(242):17-20.

[74] KOMAKI J, BERWICK M, KENNETH D. A Behavioral Approach to Occupational Safety: Pinpointing and Reinforcing Safe Performance in a Food Manufacturing Plant[J]. Journal of Applied Psychology, 1978, 63(4):434-445.

[75] FARROW S. The Benefit-Cost Analysis of Security Focused Regulations[J]. Journal of Urinal of Homeland Security and Emergency Management, 2009, 1(6):25.

[76] QIN J Y, LI SH C. Statistics of industrial accident s in China during the period from July to August in 2011[J]. Journal of Safety and Environment, 2011, 11(5): 269-272.

[77] IMRIYAS K, LOW S P, TEO A L, et al. Chan. Premium-Rating Model for Workers' Compensation Insurance in Construction [J], Journal of Construction Engineering and Management, 2008.

[78] LITTLE, JOHN E. Cost of safety series: Workers compensation insurance[J]. Business Information Group, 2007,(10): 15-17.